反套路经济学
那些危言耸听的悖论

[美] 史蒂夫·兰兹伯格 著
(Steven Landsburg)

吕靓迪 译

北京联合出版公司
Beijing United Publishing Co.,Ltd.

图书在版编目（CIP）数据

反套路经济学：那些危言耸听的悖论 / (美) 史蒂夫·兰兹伯格著；吕恺迪译. -- 北京：北京联合出版公司，2024.6
ISBN 978-7-5596-7529-3

Ⅰ. ①反… Ⅱ. ①史… ②吕… Ⅲ. ①经济学—通俗读物 Ⅳ. ①F0-49

中国国家版本馆CIP数据核字(2024)第072314号

Simplified Chinese Translation copyright ©2024
By Hangzhou Blue Lion Cultural & Creative Co. Ltd
FAIR PLAY: What Your Child Can Teach You about Economics, Values and the Meaning of Life
Original English Language edition Copyright ©1997 by Steven Landsburg
All Rights Reserved.
Published by arrangement with the original publisher, Free Press, a Division of Simon & Schuster, Inc.

反套路经济学：那些危言耸听的悖论

作　　者：[美] 史蒂夫·兰兹伯格
译　　者：吕恺迪
出 品 人：赵红仕
责任编辑：高霁月
封面设计：王梦珂

北京联合出版公司出版
（北京市西城区德外大街83号楼9层100088）
北京联合天畅文化传播公司发行
北京美图印务有限公司印刷　新华书店经销
字数160千字　880毫米×1230毫米　1/32　8.75印张
2024年6月第1版　2024年6月第1次印刷
ISBN 978-7-5596-7529-3
定价：49.80元

版权所有，侵权必究
未经书面许可，不得以任何方式转载、复制、翻印本书部分或全部内容。
本书若有质量问题，请与本公司图书销售中心联系调换。电话：010-64258472-800

目录

致　谢／1

第一章　身兼父母和经济学家两个角色／001

第二章　游乐场的启示／009

第三章　凯莉知道的／017

第四章　权威／031

第五章　生活提供的一切／049

第六章　文化偏见／067

第七章　公平（一）：祖父谬误／087

第八章　公平（二）：对称原则／099

第九章　完美的税／113

第十章　完美税的毁灭／129

第十一章　责任：你会怪谁／149

第十二章　遗赠／159

第十三章　多子多福／169

第十四章　算术／189

第十五章　计算政府债务／205

第十六章　计算歧视／217

第十七章　守恒算法／229

第十八章　女儿教给我的金钱知识／237

第十九章　女儿教给我的贸易知识／245

第二十章　给经济学家女儿的建议／253

附录　参考阅读／263

致　谢

本书的思想经火锻造、淬炼和打磨。我的午餐小组同事点燃了这把火,他们每天吃着三明治,喝着咖啡,并致力于阐明人类各方面的状况。这些讨论总会碰撞出火花,通常来说,它们一闪而逝,也有的时候,这些火花会引燃一场"大火"。

我们的志向是了解世界,既要了解世界的现状,又想了解它的未来。每天,我们中的一个或几个人都会提出想法供午餐小组斟酌。每个想法都要经受严厉而精准的批判,以至于它要么化为灰烬,要么得到净化和淬炼。本书中的每个想法都在午餐餐桌上经受了严酷考验,并且幸存下来——以我的观点来看。化为灰烬的想法的数量是幸存想法的十几倍。我来解释为何淬炼的过程如此重要。

经济学家和普通人对某些问题的是非判断常常存在偏差，纠正这种偏差十分关键。经济学是一门严肃的学科，具有相当严谨的逻辑和精确的证据标准。在我早期的大部分著作中，我都会尽力解释这些标准是什么，并展示我们如何应用它们来得出一些令人震惊的结论。

在我早先的书《反套路经济学：为什么常识会撒谎？》（The Armchair Economist）和杂志专栏中，我认为慈善人士永远不会向一家以上的大型慈善机构捐款；垄断剧院的老板不会高价售卖爆米花，除特殊情况外；等等。这些结论似乎令人难以置信，但它们都经得住经济学推理的最终检验：每一个都可以转化为纯数学问题，从而验证来自（明确阐述的）假设的结论都是必然的。除非符合这样的检验标准，否则任何关于经济学的论述都不应被认真对待。

本书包含很多关于经济学的论述，按照我刚刚建立的标准，所有这些论述都值得重视，因为它们都经受了数学推演的验证。因此，我确信书中涉及纯经济学的部分是正确的，即使它们与我计算之前的假设相反。

但是本书也包含了很多关于严格意义上不属于经济学范畴的讨论——一些更重要的话题，比如公平、正义、宽容和责任。这种论述并没有完全得到数学验证。我之所以认为它们正确，是因为有其他强有力的准则的支撑。没有这种支撑，我对公平和正义的看法就非常主观，不适合分享给读者。

在午餐小组里，我和所有成员达成一致，认为好的想法应该在逻辑和精神上符合既定的准则，并适用于多种假设情况；如果无法满足这些准则，那么应当坦然承认并继续探索。这些是我一开始就坚持的准则，它们确实不如纯数学精确，因此我承认，书中关于公平的结论不如关于经济学的结论那么确切。据我所知，这是现存最好的准则。

本书中的想法并非全部出自我本人。如果我发明了某些想法，且这些想法形成了文字，那么一定是经过了午餐小组成员严格的审查。约翰·博伊德（John Boyd）、詹姆斯·卡恩（James Kahn）和艾伦·斯托克曼（Alan Stockman）三位同事为我提供了大量宝贵的意见，我非常感谢他们。我也很感谢劳伦·范斯通（Lauren Feinstone）的益评，虽然她不再加入我们的午餐讨论会，但精神上与我们同在。

午餐小组的众多优点之一是从未出现过主导人物。一直以来，全体成员对知识充满热情，不断地进行思维碰撞。没有全体成员的贡献，我难以得出任何结论。但就本书涉及的特定问题而言，我要特别感谢马克·比尔斯（Mark Bils）。

马克给我们带来了一种不可动摇的信念，即公平是最重要的。他坚持认为，探究知识可以揭示处世的真理；他善于类比，且他的类比往往出人意料又恰如其分、富有成效，这种可比性在马克揭示之前并未被众人发现，在此之后一定不会被忽视；他还有一种反讽的本能，让你不得不重新思考自以为了解的每一件事。马克坚持认为，"游乐场"上的公平和市场上的公平必须是一回事，他是这本书的直接灵感来源。

本书的部分内容是从我在《福布斯》（Forbes）和《石板》（Slate）中的专栏文章扩展而来的。那些出现在《石板》中的内容得益于迈克尔·金斯利（Michael Kinsley）和杰克·谢弗（Jack Shafer）两位编辑的智慧与细心。我也感谢《自由报》（Free Press）的编辑布鲁斯·尼科尔斯（Bruce Nichols）对我的耐心，给予我的鼓励，以及在编校过程中展现出的敏锐洞察力。

最后，我要感谢纽约皮茨福德的巴诺书店（Barnes & Noble）的员工，我每天都会花几个小时在那里伏案工作。他们对我十分热情，我希望能多卖点书回报他们。

第一章
身兼父母和经济学家两个角色

第一章 身兼父母和经济学家两个角色

饥饿和疲劳让我烦躁，食物和睡眠让我振作——不知为何，即使早已成年，我也未能完全认识到这些真理。对它们的认知，就像我知道阿伦·伯尔（Aaron Burr）是美国第三任副总统。不同于知道站在飞驰而来的汽车前是件危险的事，它们并没有成为直觉性的认知。

为人父母给予了我智慧。和蹒跚学步的孩子生活在一起，你会发现食物或睡眠的抚慰作用。孩子如此，我亦如此。

我的女儿凯莉（Cayley）今年九岁，是我的掌上明珠。从她还是个小婴儿的时候开始，我们就互相教对方经济学，她让我关注到应用经济学的特定原理，首先就是物质享受的重要性。

我还以另一种形式教授经济学，那便是作为大学教授。教授和家长有诸多共同点：好的教授就像好的父母，教学相长，以青出于蓝而胜于蓝为荣。

如果你也为人父母，那么你也可以算是经济学老师。经济学讨论的是如何艰难抉择：是挣钱还是休闲，是今天挥霍还是为明天储蓄，是开发新技能还是利用已有技能，是寻找完美的工作（或完美的婚姻伴侣）还是满足于现状。我希望我的学生能认真思考这些选择，同时，我希望我的女儿也能认真思考这些选择。

经济学教给我们的一个重要道理是：这类选择的答案不存在唯一最优解，一切都要具体问题具体分析。甲之蜜糖，乙之砒霜。经济学是一门讲述宽容的学科，优秀的经济学教授会告诉学生，和你生活方式不一致的人并不是蠢蛋或恶魔；优秀的父母也会这样教育孩子。

经济学不但能培养宽容心，而且能培养同情心。经济学家密切关注他人的观察行为，以更好地理解他人的目的和难处，而这一理解构成了所有同情心的基础。

我在新生荣誉研讨课上教经济学。上课第一天，我问学生：为什么如今的顾客在商店用的购物车比30年前他们父母用的更大。以下是比较好的答案：

1. 如今的职业女性不能像她们的母亲那样每周购物。她们（或她们的丈夫）购物不频繁，因此必须每次多囤点东西。

2. 如今的职业女性不像她们的母亲那样为全家做饭。

她们购买足够的食物，以便家庭成员能自食其力。

3. 如今富裕的家庭每餐的菜品种类更多。

4. 如今富裕的顾客们愿意因商店的宽阔过道和大型手推车等优势购买更多食物。

5. 如今房屋较大，储藏室也更大。

6. 如今自动存取款机无处不在，顾客们不必因不愿携带大量现金而控制采购量。

如果课堂氛围不错，学生们会激烈讨论以上答案。一名学生表示，如今顾客买得更多是因为广告更有效了。另一名学生则表示反对，认为在收入一定的前提下，消费者增加对一种产品的购买，势必会减少对另一种产品的购买。

这个讨论的重点不是让学生理解购物车为什么变大了，而是弄明白理解的技巧。若想赢得这场辩论游戏，学生必须对那些跟自己家庭情况截然不同的家庭所面临的问题保持敏感。学会换位思考是训练经济学思维的重要组成部分，也是成长的重要组成部分。

还有很多不错的问题可以用来训练换位思考能力。明年我可能会问学生：为什么双职工家庭的储蓄通常少于收入相同的单职工家庭。是因为双职工家庭雇了管家，还是因为职场妈妈对孩子未来的关注度不及全职妈妈？抑或因为职场妈妈树立了好榜样，能让子女在没有大笔遗产的情况下自力更生？

或者我会问：为什么不论在哪种文化中，男性都比女性更容易自杀？是因为女性认为自己在照顾后代方面义务更大？还是因为女性平均寿命更长，因此比起那个加重生活负担的配偶，可以期待自己活得更久？

教经济学和育儿如出一辙。当我的女儿因为觉得自己在校园里受到轻视而沮丧地回家时，我可以鼓励她从其他孩子的角度来思考。这是有技巧的。你会先进行假设，问自己这是否合理，然后检查它是否符合所有事实，并完善假设。这正是一名优秀的经济学专业的学生对购物车变大的问题形成自己看法的过程。

经济学不仅关乎个人选择，还关乎社会选择：奖励主动性还是促进平等？维护自由还是维护秩序？为大众提供机会还是为最不幸的人提供安全保障？换言之，我们想问的是：什么是对？什么是正义？什么是公平？我的女儿对这些问题同样感兴趣，不过她的问题更具体：她得到零花钱是权利还是对保持房间干净的奖励？她能不听父母的话，在冬天穿夏季夹克吗？她和朋友应该选大多数人都爱看的视频，还是选没人讨厌的视频？每当孩子哭喊"这不公平！"，父母就不得不面临一些经济学上的公平性问题。

我懂两种语言。在课堂上，我讲述图形和方程式；在客厅里，我诉说梦想和想象，鼓励坚强。在课堂上，我抽象地谈论编写可执行合同的优势；在客厅里，我具体地谈论为什么凯莉的朋友杰西卡（Jessica）不喜欢她在比赛中途改变跳棋规则。在课堂上，我讲述界定产权的一般性问题；在客厅里，我谈论当一个孩子声称拥有1/4的公共沙坑时引发的具体道德问题。掌握这两种语言并不意味着谈论的内容翻倍，这仅仅意味着你要把同样的事情说两遍。

奇怪的是：有些在课堂上看似晦涩艰深的问题，用客厅里的语言解释，就变得清晰简单；有时情况则恰恰相反。这表明父母和经济学家可以相互借鉴。

这些话题就是本书的内容。本书由多篇文章构成，讨论诸如公平、正义和责任等父母和经济学家都被迫面对的基本问题。本书涉及的对错原则对父母而言显而易见，但这些原则必须教给那些固执己见的孩子和刚愎自用的经济学家。本书讲述的是理解的技巧和经济学的知识，并借助经济学思想教人宽容、同情和严谨。本书运用经济学理解家庭，用家庭结构阐明经济学问题。

有时候，充满洞察力的大学生会正确地质疑教授的意见。对于认真负责的教授来说，这是课堂上最大的乐趣；鼓励家庭成员积极交流想法的父母也是如此。作者们同样也欢迎读者质疑。本书的论证是我长期推敲所得，因此在我看来是正确的。如若有误，我会听取意见，望读者不吝指正。

第二章
游乐场的启示

第二章 游乐场的启示

我很幸运有个早熟的孩子。她五岁时在电视上看到当时新当选的总统比尔·克林顿（Bill Clinton）宣布将增加所得税，立刻泪流满面。那时，我仿佛是世界上最自豪的父亲。

税收方案被一贯单调乏味的词藻包装。例如，"富人拥有太多，穷人拥有太少""他们拥有的比应得的更多""这很公平"，等等。

我推测，政治家们这样说是出于选民的要求，可能这种言论能减轻他们剥削邻居血汗钱的负罪感。毕竟，与其承认自己贪得无厌，不如假装自己的邻居活该被剥削。

不过，这里的关键词是"假装"。事实上，没有人真的相信"再分配"的说辞。有时候，这种花言巧语可以用来骗人，被骗的人可能会因此感恩，但没人会一直被骗。有时候，人们只是佯装相信。

我是怎么知道的呢？我有个女儿，带她去游乐场的时候，我会听听其他父母对孩子说的话。去了那么多次游乐场，我从未听过有家长和孩子说，可以强行从拥有更多玩具的孩子那里拿走玩具；我也从未听过有家长和孩子说，如果一个孩子的玩具比其他孩子的多，那么其他孩子可以组成"政府"并通过投票拿走这些玩具。

我们鼓励分享，并让孩子以自私为耻；而同时我们也教导孩子，如果其他孩子行为自私，你必须以某种方式应对，但不是强行征用。你可以选择哄骗、交易、排挤，唯独不能偷窃。此外，没有一个合法的政府能代表你对他人实施行窃，也没有制宪会议、民主程序或其他机构可以创造一个拥有这种合理权威的政府，因为这样的政府根本不存在。

无论我们怎样伪装，这些都不是复杂的道德问题。政客和评论员靠鼓励这种虚伪谋生，当我们与孩子交谈时，这种虚伪就消失了。在游乐场上区分好坏，对于成年人来说轻而易举。

我们教给孩子的是我们心中的真理。如果你想知道一位政治家或者评论家真正相信什么，不要看他的演讲或他的专栏，而是看他给他的孩子的建议。如果你想知道一位政治家的行为是否得当，那就试想一下，如果这种行为出现在你的家中，会被如何评价。

几年前，我带女儿凯莉和她的朋友艾利克斯（Alix）去吃饭，那时她们有六岁了。她们可以选择现在吃冰激凌还是饭后吃泡泡糖当作甜点。艾利克斯选了冰激凌,凯莉选了泡泡糖(给新手父母的省钱秘诀:早些让孩子相信泡泡糖是甜点)。

艾利克斯吃完冰激凌后,我们去给凯莉买泡泡糖。凯莉得到了泡泡糖,艾利克斯什么也没得到,她大喊大叫。对于任何成年的旁观者来说,显然是艾利克斯不讲道理——她得到了和凯莉一样的选择机会,并提前获得了奖励。

成年人中也会有同样的问题。保罗(Paul)和彼得(Peter)在年轻时面临过同样的选择机会。保罗选择了安逸的生活,每周工作40小时以获得有保障的工资;彼得把青春献给了创业,为了有风险的回报而夜以继日地工作。人到中年,彼得拥有了财富,而保罗并没有。于是,保罗大声疾呼,抨击助长不平等的制度。

我无意指出彼得的选择本质上比保罗的更令人钦佩,就像我无意指出选择泡泡糖本质上比选择冰激凌更令人钦佩。但我确实想反驳保罗关于那个选择所带来的后果的推理。此处可以做个测试,询问是否有成年人会把一年级学生间的争吵当回事——保罗的抱怨就像小孩的争吵,没人会当回事。

那么,如果收入差异是由纯粹的偶然导致,而非由选择导致的呢?再回顾下你和孩子说的话。如果你为不止一名孩子提供过蛋糕,你一定听过这样的抱怨:"不公平——我的蛋糕比较小。"如果当时你非常有耐心,你可能会试着解释说,一个能安心享用自己盘中蛋糕,且不在意他人盘子里有什么的孩子,要比一个经常因为比较而分心的孩子在生活中收获更多快乐。我们希望孩子快乐,于是告诉他们,别人给你一块蛋糕是一种快乐;如果其他孩子的蛋糕更大,你不妨牢记,这个世上到处都是拥有更少蛋糕的孩子。如果下次你的同事获得不应有的晋升,请牢记这一点。

成年人对自己和对孩子有双重标准,而且往往错的是成年人。如果你是一个普通美国人,美国的公共广播机构每年会从你的口袋里拿走约五美元用于资助国家公共广播电台(NPR)等项目。NPR的辩护者(都是成年人)试图通过指责别人拥有更大的掠夺来驳斥这些小型掠夺——单单是美国海军用于武器采购的花费,就是NPR项目的十倍。

也许那些辩护者主要针对的是没有孩子的选民。哪个家长会接受"没错,我是偷了饼干,但我知道有个孩子偷了一辆自行车"这样的借口?

所有父母都能够一眼分辨出那些似是而非的论据,相反,选民们往往会听信这种似是而非的论据。最大的悖论就在于,父母和选民通常是同一批人。我认为这一悖论的产生,明显是因为相较于思考如何及何时监管国会议员,我们更倾向于慎重思考如何及何时管教孩子。

我建议，不必把孩子和国会议员区分开来，这样能节省你的脑力。有一条很好的经验法则是：如果孩子犯了某个错误后不能因某些借口免受惩罚，那么对父母和国会议员也应一视同仁。

第三章
凯莉知道的

第三章 凯莉知道的

几乎所有的美国经济学家都震惊于帕特·布坎南（Pat Buchanan）[1]贸易保护主义的复兴，而我的女儿凯莉也同样震惊。不过不同之处在于，凯莉感到震惊的原因是正确的。

经济学家知道，贸易是繁荣的引擎。由此他们正确地推断，拒绝贸易就是拒绝繁荣。他们引用的研究再次正确地表明，为了保住一名美国汽车工人每年5万美元的收入而设置关税或进口限额，会导致汽车价格不断提高。为此，购车者每年要额外支付15万美元。他们又一次正确指出，自由贸易如同技术进步，可能会取代一些工人，但一定会提高美国人的平均收入水平。

这些是我在大学课堂上提出的观点。我最喜欢的教学工具是一则寓言，它根据北卡罗来纳州立大学（North Carolina State University）的詹姆斯·英格拉姆教授（James Ingram）的故事改编而来。故事讲述的是一名才华横溢的企业家发明

1　美国政治评论员，前共和党总统候选人。——译者注

了一项能将谷物变成汽车的技术。于是，他在海边建了工厂进行生产，外人只能猜测其内部如何运作。

消费者得知，这种新车比底特律产的更加质优价廉，于是兴奋不已；当工厂订购大量谷物喂入神秘机器时，美国中西部地区的农民也非常兴奋；对于接受过旧的培训的汽车工人而言，他们确实感到沮丧，但也知道总体来说技术进步是件好事。

直到有一天，一名调查记者设法找到了一位对工厂心怀不满的员工，他泄露了企业家的重大秘密：这家大型工厂根本就是空壳，工厂后墙通向装运码头。粮食前门进，后门出，运往国外换汽车。

这则信息被披露后，大众震惊了，那位企业家也跌落神坛，从英雄变成了恶棍。在这波民愤的驱动下，帕特·布坎南的贸易保护主义渐渐影响了时任美国总统。

这个故事告诉我们，廉价的汽车——无论是通过技术还是贸易获得的——都是好事。切断贸易，等于关停效率最高的工厂。支持贸易保护主义，意味着无视贸易和技术发展具有同等重要性。这样做无异于掩耳盗铃。

这就是我告诉学生的，但我不会这么告诉女儿。凯莉还需要依靠我的道德指导。当然，我可以向她解释贸易如何让我们的家庭变得更富有，但是九岁的孩子已经能够以自我为中心了，我们需要温和地鼓励他们关心他人。因此我没有告诉凯莉，从汽车经销商那儿买车可以省钱，对我们家庭有诸多好处，而是与她谈论是非对错。

当时，凯莉对是非对错已经有了一定认知。她在校园市场活跃地交易装饰贴纸、卡片和牛奶瓶盖。有时凯莉想和她的同学梅丽莎（Melissa）交易，但梅丽莎更喜欢和四年级另一个班的珍妮弗（Jennifer）交易。凯莉对此很失望，但她知道自己不能强迫梅丽莎与她交易。更重要的是，她知道哪怕只是尝试这样的强迫，也是错误的。

凯莉在道德上对自己要求很高。她甚至无法想象老师会干预并禁止梅丽莎与其他班的同学交易，毕竟只有非常讨厌的孩子才会想这么做。

在布坎南眼中，美国国会像一位老师，维持校园秩序，确保所有孩子遵从老师青睐的某几个学生的心意玩耍。但在凯莉眼中，这是个馊主意。她是对的。

贸易保护主义的错误在于它剥夺了基本人权，即选择贸易伙伴的自由。例如，剥夺人们以任何价格从任何愿意出售汽车的卖家那里购买任何汽车的自由。

帕特·布坎南主张的贸易保护主义的错误，还在于它违反了人生而平等的原则，而这恰恰是成为一个正派人的核心要义。连我的女儿都知道，人生而平等，任何人都不应因为出生在不同国度而被剥夺成功的权利。她从不觉得，相比其他国家的汽车工人，要给予本国的汽车工人更多的关心。

暂且不提美国消费者要花多少钱才能挽救一个美国工人的工作。假设布坎南是正确的，他确实会魔法，能在不增加消费者任何成本的情况下挽救美国工人的工作，但是他的观点仍令人反感，因为其前提是美国工人比外国工人更值得受到保护。什么样的道德基础能支持这种丑陋的人种对立？

布坎南经常因种族主义倾向受到指责，我认为他主张的民族主义和种族主义如出一辙，同样丑陋。鼓励人们"买美国货"与鼓励人们"买白人货"，本质上没什么不同。

关心他人意味着既要关心身边的人，也要关心陌生人。比起关心其他国家的陌生人更关心本国的陌生人，可能是一个人最卑鄙、最错误的本能。感谢上帝，在这方面，我九岁的孩子比一些经济学家有更深刻的体会。

早在1992年美国总统大选之初，凯莉快五岁的时候，她开始有了政治意识。那一年，主要候选人都想扩大政府规模和管理范围。时任美国总统乔治·布什（George Bush）执政四年期间，联邦政府已经经历了监管扩张的狂欢；民主党领袖比尔·克林顿承诺将医疗国有化；共和党内，布什的主要对手帕特·布坎南试图关闭边界；民主党内，克林顿的主要对手保罗·聪格斯（Paul Tsongas）正在运作的产业政策平台将贸易保护主义体现得淋漓尽致，这个平台就像是由墨索里尼设计的。顺便说一句，这不是玩笑话：聪格斯参议员在早期初选的胜利，代表了自"二战"以来对美国民主观念最大的一次冲击，与"二战"时期法西斯主义的威胁一般无二。同年晚些时候，罗斯·佩罗（Ross Perot）的观点再次重创了美国的民主价值观。

凯莉敏锐地感觉到，她的父母觉得这些候选人都不尽如人意，她渴望了解更多。一天晚上，她让我坐下来解释这些问题。我尽量讲得通俗易懂，又保证传达候选人讲话的主要精神。例如，我告诉凯莉，布坎南认为人们不应该自行决定买哪种汽车，以此来解释这位经济学家的贸易政策。

她出去想了几分钟，然后回来宣布她决定支持布坎南。她的解释是"我不在乎我们买什么样的车"。

我本可以借此机会讲解比较优势理论。现实是选择减少，汽车价格就会上升，这意味着能用来买孩子看中的物品的钱减少了。不过，这样做不仅徒劳无功，而且是在推卸我作为家长在凯莉道德养成方面的责任。于是我告诉凯莉，有些人会在意自己买什么样的车，我们应该对他人的自由和自己的自由给予同等关心。

我想就是在那一刻，我的女儿成了一名国际贸易专家。

她理解了这个问题的核心，并对这个基本的道德问题产生了持久而清晰的理解，毕竟连经济学教授也常常会回避这些问题。

当老师的都知道，只有在向学生解释明白一个复杂的观点后，自己才算真正理解了这个观点。当父母的也都知道，只有在向孩子解释明白一个简单的观点后，才算真正理解了这个观点。福利经济学根据不同伦理标准，提供数学工具以分析政策选择。我认为，对任何想要严肃思考经济学中微妙的正义问题的人来说，这些工具不可或缺。在面对一些直截了当的真理时，这些工具可能会被用来创造错误的幻象。这些幻象需要被打破，绝佳方法就是和孩子交谈。靠一些晦涩的技术是无法唬住孩子的，你必须回归最基本的道理，即应该关心与我们不同的人的权利。就是这么简单。

凯莉和我尽量不去沃尔玛购物，但不是每次都能做到。有时，有的东西确实只能在沃尔玛买到。如果别的地方也能买到这些东西，我们很愿意去其他地方。

沃尔玛有意识地执行着自己精心宣传的政策。超市每条过道都贴着标语，吹嘘着超市为不卖进口商品所做的努力。但有迹象表明，沃尔玛实际上做不到这一点，有时候它很想售卖只能从国外买到的商品。如果这个商品可以在美国本土买到,那么,它更愿意让人们相信"买美国货——这样你也能受益"。

当凯莉长大、能读懂这些标语时,她就会知道,任何让你关注贸易伙伴种族、宗教、性别或国籍的人,都是坏人。沃尔玛的管理者可能在孩提时代也明白这些道理。想要无视这些真理,成年人必须要诉诸诡辩,自欺欺人。

这种诡辩随处可见,否则沃尔玛将要倒闭,美国加利福尼亚州参议员黛安娜·范斯坦(Dianne Feinstein)也不会得到选民支持。范斯坦参议员反对"残忍和不人道"地削减非法移民的公共卫生和教育福利,但支持更严格的边境管制,以防止非法移民进入美国。只有智力超群、颠倒是非的人,才能为这种赤裸裸的虚伪辩护。对墨西哥人,范斯坦参议员要么在乎,要么不在乎。如果漠不关心,为什么她又要指责削减非法移民的公共卫生和教育福利不人道?如果在乎,她如何证明将墨西哥人限制在墨西哥境内是正当的?

就像沃尔玛的管理层一样,这位参议员似乎赞同一些奇怪的观点,即我们应该更关心恰好住在美国的陌生人,而不是碰巧住在其他地方的陌生人。如果能将陌生人限制在假想国界线的另一侧,我们就不必关心他们的福祉了。我实在想不出,有什么道德原则可以证明这种观念是正确的。

当然,范斯坦参议员并不是受任何道德原则驱使的,她唯一的目标是增加那些有幸成为美利坚合众国公民的加州人（主要是盎格鲁人）的物质利益。她认为，加州人民的福祉只会受到边境线这一侧的墨西哥公民的影响，但数百英里以南的墨西哥人的健康、教育和福利不会影响到他们[1]。

假设范斯坦参议员是一名有原则的自由主义者，那么她会支持人们自由选择住的地方；假设她是一名有原则的平等主义者，那么她对仍滞留在边境线另一侧的贫困墨西哥人的关注，会远超对美国境内的墨西哥"幸运儿"的关注。只有在毫无原则的情况下，她才能要求美国人为少数"幸运儿"提供更多服务，同时减少为不幸的大多数提供的服务。

好吧，所以范斯坦参议员不分对错，只为她的选民服务。也许这就是我们对政客的全部期望（也许这是一个很好的理由，可以随时随地限制所有政客的权力）。她指责那些和她持不同意见的人"残忍""不人道"，表明她认为自己的行为应该披上道德的外衣。我敢打赌她已经这么做了。如果在这一页中留下同样的篇幅让这位参议员反驳我的观点，她肯定会毫不费力地想出一些表面上看似合理的论据，来调和她相互矛盾的观点。我想，我的女儿不会买账。

找一名孩子试试。告诉孩子，有一位美国参议员认为，

1　加州南部边界与墨西哥北部边界接壤，两者之间的陆地边界长达1954千米。——译者注

恰巧住在美国的较富裕的外国人应该获得额外的福利，而碰巧住在墨西哥的相对贫穷的外国人应该被遗忘。在经济学课堂上，我们非常严肃地分析这些提议，是因为我们忘记了它们在本质上是荒谬的。向孩子们解释的好处是，为了便于他们理解，你必须不说废话并以极清晰的方式阐述潜在假设。

教科书中关于自由移民的案例与关于自由贸易的案例十分类似：我们计算自由移民和自由贸易对美国人产生的成本和收益，并认为收益必须超过成本。在移民的案例中，美国工人（工资下降的受害者）负担了成本，美国的资本家（工资下降的受益者）获得了收益。一名合格的经济学专业的学生可以用一张图的不同面积来展示成本和收益，并借助初等几何计算得出收益占的面积更大。

这个几何计算背后的故事是这样的：工人少赚一美元，资本家就必须多赚一美元。这样计算，收益和成本处于绝对平衡状态。但资本家享有额外收益：得益于工资下降，他们能扩大运营并从中获益，因此资本家的收益超过工人的损失。[1]

如果你认为成本收益分析可以指导政策制定（并且相信

---

[1] 记者似乎认为外国竞争的成本可以用美国失业人数来衡量，但这与事实几乎相反。宁可失业也不愿意通过降薪来和新竞争者竞争的人，很可能根本不关心自己的工作。最大的受害者是那些珍视自己的工作、承受减薪的美国人。——作者注

教科书中的分析已经涵盖了所有相关的成本和收益），那么我们就可以得出应该支持自由移民的论点。包括我在内的大多数经济学家认为，成本收益分析与政策制定息息相关，并且大多数经济学教科书或多或少（合格地）论证了这种相关性。通常情况下，这些论证部分诉诸赤裸裸的自身利益（"如果美国决策者始终以成本收益分析为指导，那么从长远来看，大多数美国人——可能包括你自己——会得多于失"），部分诉诸道德原则（"成本收益分析对每个人一视同仁，无论谁承担，成本就是成本"）。

诉诸自身利益能说得通，但诉诸道德原则站不住脚。事实上，这种特定的成本收益分析并没有对每个人一视同仁，它只是对所有美国人一视同仁，同时完全忽视了那些尚未成为美国人的人的利益。

承认外国人是人，只会加强结论，所以从这个意义上说，假装他们不是人也无伤大雅。这种假设甚至可能颇具理论价值，因为即使忽略了开放边界后最明显的受益者，我们仍能得出开放边界是一件好事的结论！这就像在下国际象棋的时候，主动放弃女王[1]这枚棋子，依旧赢得了比赛。

不过，可能还存在一种几乎可以忽略基于新移民的收益

---

[1] 在国际象棋中，女王是最有价值的棋子之一。女王可以在横、竖、斜线上移动任意格数，非常强大。——译者注

的假设。论证如下：如果足够多的墨西哥人进入美国，会让美国人的工资和工作环境下降到墨西哥的水平，在这种情况下，这些墨西哥人将一无所获。因此，我们"忽视"的这些收益一开始就没有机会兑现。上述分析显示，忽略它们不会造成任何损失。

这个论证有一个微妙的前提，即所有墨西哥人完全一样，否则，即使美国和墨西哥的条件表面上相同，有些墨西哥人也可能有特殊技能或优待让他们在美国特别成功。还有一个关于美国人的类似假设，即所有美国工人都是一样的。这种假设的结论是：工资已经下降到了不管是否失业，所有美国人的幸福水平都一致，因此没有美国人会因为要和外国人竞争工作而遭受损失。

所有这些都适合课堂教学，我欢迎多轮辩论。这些很重要，也远远超出了孩子（以及许多成年人）的理解范围。虽然有些民谣可能会唱"天真的孩童充满智慧"，但事实并非如此。

对贸易和移民等问题的严肃见解，只能来自有思想的成年人。有时，通过与孩子交谈，成年人能够进一步完善自己的思想。思想的碰撞很重要，同样重要的是，你无法心安理得地告诉一个十岁的孩子，你拒绝关注那些远离边境线的墨西哥人。

三岁的凯莉依偎在我的怀里看着动画片《美国鼠谭》（*An American Tail*）。老鼠穆斯克维茨（Mouskewitzes）一家从旧世界压迫他们的猫爪下逃离，穿过大海，奔向自由的彼岸。当自由女神像在远处若隐若现时，凯莉满怀期待地握住了我的手。当老鼠穆斯克维茨一家下船时，她松了一口气。随后灾难降临了——费维尔·穆斯克维茨被迫在一家血汗工厂工作。凯莉起初是惊恐，然后是愤慨，她双手叉腰，宣称："这不是美国！"

她是对的。这不是美国，或者它充其量只是一小块地方，无法代表整个美国。凯莉不知道费维尔的孩子们会拥有自己的裁缝店，孙子们会建立伟大的商业帝国，或者治愈疾病，或者扩展人类知识的极限；她也不知道美国会信守承诺，费维尔·穆斯克维茨会得到数倍的回报。她只知道，她希望费维尔幸福。对于一个三岁的孩子来说，有这样的想法已经不错了。

象征费维尔自由的地标上写着这样的话："来吧！贫困、疲乏、挤在一起、向往自由的劳苦大众，岸边熙熙攘攘的苦难民众，饱经风霜、无家可归的人们，我站在金门口，高举自由的灯火迎接你们！"我不确定凯莉对这些话的理解有多深，但我知道她理解其蕴含的情感。

第四章
权威

第四章 权威

我女儿读一年级的时候，就比一般的六岁孩子更了解成年人并不总是意见一致。她当时的老师和现在的老师都认为去图书馆是种美德，但凯莉早就知道她的父亲不赞成这么做，因为任何值得一读的书都是值得拥有的。她的老师教她认识星座，星座的位置属于事实；但凯莉也知道，在父亲看来，如果没有任何理论来提供意义或背景，事实本身是很无趣的。我也会特别提醒她注意观点之间的细微差异，避免她认为所有成年人都会对某些事形成单一且一致的观点，且自己应该掌握这样的观点。

健康的怀疑主义——甚至是对权威的故意不尊重——是公立学校的孩子防止老师传播某些不良观点的最有效措施。凯莉四岁时，曾短暂地受到一位疯狂宣扬"环保主义"的幼儿园老师的影响。老师训练她高喊"有特权就有责任"，比如"有特权生活在这个星球上，就有责任照顾它"。

在那位老师的课堂上，《独立宣言》（Declaration of Independence）被所谓的"相互依存宣言"（Declaration of

Interdependence）所取代。在地球生存不再是一项不可被剥夺的权利，而是受到彼此间（或者取决于你的教派，对所有大大小小生物，或宇宙本身）诸多义务的限制。因此它们不再是权利，而仅仅是"特权"，由"环保主义之神"随心所欲地授予或撤销。哪位祭司能够揭示那些神明的意志呢？当然是老师。

对环保主义的狂热，要求孩子们放弃所有关于权利和义务的独立思考，取而代之的是无脑服从老师的价值判断。

老师们其实是可以用其他方法来探讨环境问题的，比如鼓励学生进行批判性思考。我相信，凯莉已经到了能够理性思考刷牙时是否要关水龙头的年纪了——让水流入下水道，就意味着她拒绝让其他人用这些水。水的价值可以用水的价格来衡量。

凯莉现在九岁了，只要借助一些引导性的问题，她就能估算出如果不关水龙头，刷牙的过程中会浪费多少水，这些水的价值，以及这个价值是否值得她关闭水龙头。这是一个很好的推理练习和算术练习，也能有效地帮她发现市场的真正奇迹：只要凯莉关心自家水费，她自然而然就会考虑到其他可能想要用这些水的人的利益。

但凯莉的老师不希望她清楚地思考这些问题，也许是因为害怕这种思考会成为一种习惯，而习惯思考的人很难顺从他人。因此，那些老师高高在上地说，因为水对其他人来说很有价值，所以我们应该格外节约用水。好奇心重的孩子会问：我们要特别节约哪些有价值的资源呢？善于观察和求知欲强的孩子很快会认识到，老师眼中的"有价值"并不是指"所有有价值的资源"。例如，老师们很少说"因为建筑用地对别人来说很有价值，所以我们应该少建一些学校"，他们甚至很少说"因为技术工人对工业发展很有价值，所以我们应该减少教师的数量"。

那么，是什么一般规律迫使我们节约用水，而不是节约用于教育的资源？严酷的事实是，不存在什么规律，只有一条简单的一般规则，即只有老师可以告诉你应该节约哪些资源。整件事关乎的是权威，与刷牙时是否需要关闭水龙头无关。

类似的事不断发生。我女儿被教导要清洗并重复使用纸杯，这样就不会浪费纸张，但从来没有人告诉她扔掉杯子能节省时间和精力。谁说做杯子的纸比她洗杯子所花的时间和所做的努力更有价值？老师。依据是什么？没有依据，老师永远是对的。

我更希望看到老师用以下方式来引导学生思考纸杯的问题：给每个学生少量现金（或游戏币）用于在一年中购买纸杯或其他小饰品。清洗并重复使用杯子的学生，将有更多的钱用来买弹珠或玻璃球；选择每天买一个新杯子的学生可以在其他同学洗杯子的时候，提前30秒休息。

这种方法可以引发学生在课堂上积极讨论两种策略的优缺点。孩子们将不得不权衡取舍。最重要的是，他们也有可能会发现一条最重要的真理，即不存在单一的最佳策略。有些学生想要弹珠，而另一些学生关注更多的游戏时间，这些都没关系。关于如何分配有限资源的分歧，不能作为道德谴责的恰当理由。

相反，凯莉的老师传达的信息完全错误——只有一种正确的选择，并且无法通过任何类似逻辑推理的过程来发现。这样做，一部分是因为它增强了教师的权威，另一部分是因为对于一个不太聪明的教师来说，要求死记硬背比引导学生进行逻辑思考更容易。

这就是为什么美国初中生可以准确地告诉你亚马孙热带雨林面积缩小的速度，但不知道如何判断它缩减的速度是否太快。在不借助理论阐释的情况下，老师能很轻松地在黑板上写下一个数字——雨林每年缩减××平方千米——然后要求学生记住这个事实。难的是让学生理性思考这些土地的其他用途，以及权衡这些不同用途的价值。因为这样的思维过程难度太高，老师们大多不会费心去做。

女儿刚上四年级的时候，我就告诉她，美国人的先人在

19世纪时砍伐俄亥俄州的森林,将其用于农业。她的第一个问题是:"难道他们不知道树木可以制造氧气吗?"于是我告诉她,人需要食物,也需要氧气。但她不为所动。在她看来,树木比农田更重要。树木和农田之间其实也可能存在某种最佳平衡,与学校老师讲的内容完全不同。当然,每个九岁的孩子都有自己独特的观念误区,也许凯莉是班里唯一一个陷入这种误区的孩子,因此我不会将所有错误都归咎于她的老师。但孩子的这些误区常常在课堂上被错误地强化。

这就让我们来谈谈教师权威和政府权威的关系。要想理清这种关系,我们需要公开谈论一些事实:

首先,大学淘汰了很多差生。一方面,根据标准能力测试,美国的大学毕业生平均成绩优于大学新生。事实上,2/3的大学毕业生在新生班级中的成绩排名能进入前50%。另一方面,那些从事教学工作的大学毕业生,平均成绩和大学新生相当。在成为教师的学生中,只有一半的人在大一的时候成绩名列前茅。似乎大学的淘汰过程完全绕过了教育专业。

这意味着平均而言,教师没有多少聪明。这可能解释了我们目前的课程设计。

我发现，我很难反驳孩子在学校学到的每件事，于是我开始致力于给孩子灌输一种健康的普遍怀疑主义。凯莉时不时会和我谈论老师们犯的错。我鼓励她抵制老师的权威，同时也在努力对她进行两个不同方面的经济学教育。一方面，我尝试让她抵制老师试图强加给她的许多不良经济学知识，例如环保主义的相关内容；另一方面，我也会直接向她强调经济学的一个核心理念，即权威往往是一件坏事。

对此，我会进一步阐述，但请容许我离题片刻。我想指出，成年人对权威的服从真的令人感到不可思议：美国国会500多名议员投票通过一项措施，意味着会有3亿美国人选择服从。为什么？这些国会议员到底施展了什么神奇的魔法？

有些人天真地认为，服从是因为国会有枪，但事实并非如此。军队和警察有枪，国会没有。如果我们听从警察的命令是因为警察垄断了武力，那为什么警察要听从比尔·克林顿和特伦特·洛特（Trent Lott）的命令呢？

孩子可能会这么问，但没有成年人知道答案，说明这个问题值得思考。据我所知，只有为数不多的人尝试对此进行阐述，其中我最为熟知的是同事詹姆斯·卡恩。卡恩是为数不多的思考过这个问题的人，我之所以使用"思考"这个词，是为了表达这个问题被放在社会问题的背景下，即"建立一个经济模型"。

卡恩假设有一群人必须在生产活动和互相偷窃之间作出选择，小偷不鼓励生产活动，且未考虑到这对其他小偷产生的负面影响。这意味着每个小偷要减少自己的赃物以换取竞争对手的认同。同时，生产者将资源用于安保，且未考虑到阻止他人犯罪给邻居带来的好处。因此，每个生产者将愿意采取额外的安全措施，以换取邻居采取相同措施。因此，很多互惠协议只要得到执行，就能良好运作。

在这样的世界中，犯罪分子可能会很好地联合起来，形成一个垄断犯罪集团，以限制其成员过度剥削生产部门。卡恩设想了一种执行机制：将武器从分散的犯罪团伙转移到中央垄断集团，并要求任何小偷不应盗窃过多，以减小盗窃产生的社会性后果。

在我看来，这个模型是一次令人钦佩的初步尝试，严肃考虑了社会如何从霍布斯式的自然状态[1]演变为具有公认权威的、有组织的等级制度。然而，它过于抽象和程式化，以至于无法描绘现实世界的细节。例如，它未能预测中央犯罪集团将由500多人组成一个两院制组织。因此，如何构建一

1　英国哲学家托马斯·霍布斯（Thomas Hobbes）设想的一种理想的自然状态：在没有国家和政府的社会状态下，人们意识到没有规则的相互竞争只能使各个参与人的利益都受损，而各个参与人如果共同协商组建一个能承认和履行各方产权的政府，对各个参与人进行约束，那么大家的利益都会得到改善。——译者注

个详细的模型有待进一步研究。

另一个后续研究主题更易理解也更重要，即没有任何竞争者的寡头垄断和存在小型竞争者的垄断，哪种更好。换句话说：如果你的财产必须被盗贼团伙掠夺，你是更喜欢懂得细水长流的单一抢劫团伙，还是被地盘争夺分散了注意力的多个团伙？卡恩目前的模型还不足以回答这个问题，我也尚不清楚有哪种模型可以做到这一点。

在实践中，这意味着当司法部门起诉一个有组织的犯罪家族时，我不确定应该支持哪一方——暴力的城市帮派很可怕，但在敲诈市场上没有竞争对手的坏警察也是如此，我无法判断哪个更糟。

我女儿的老师认为深入思考社会问题无足轻重。他们告诉她，警察是好人，歹徒是坏人，但这一结论并没有经过论证。忽略论证的步骤直接得出结论，意味着老师们普遍否认了论证的重要性。

经济学中有一条重要的道理——表象不一定反映实际，人们不应该在没有明确假设和严密推理的情况下仓促下结论。因此，在敦促我女儿摒弃老师的偏见时，我认为我得让她先学会这一经济学中重要的道理。

我还记得自己一年级的老师，当她听到约翰·肯尼迪（John Kennedy）管理美国并向他的同胞发问——我在这里稍微改写一下——"不要问我能为你做什么，问问你能为我做些什么"时，她是那么激动。自此，我就开始对教师和其他意见领袖亲政府的偏好保持警惕。我举几个例子来说明这些偏见有多普遍。

先从前参议员保罗·聪格斯的偏见开始，他的阐述最为清晰。这位参议员在新罕布什尔州初选获胜，差点使比尔·克林顿无缘白宫。聪格斯反对死刑，除非受害者是"社会代表"，如政治候选人或警察等。卡恩向我指出，这位参议员显然无法区分社会代表和政府代表。是什么样的疯狂计算，能够得出国会候选人比企业家、公司董事或出租车司机更能代表社会？但媒体从未对此作出任何批判，他们对此置若罔闻。政府官员的地位高于其他人——这样的思想如此根深蒂固，以至于大家都忽视了这是否合理。这段插曲并不仅仅是古老政治历史的一段注脚，类似聪格斯关于死刑的观点，现在已成为美国几个州的法律。

再举一个例子。还记得佐伊·贝尔德（Zoe Baird）吗？她曾是克林顿总统的司法部部长首选，但在被发现她非法为孩子雇用保姆后，她的候选人资格被取消。为此她道歉了，关于她的道歉是否充分的讨论很多，但不管是在课堂上还是在媒体上，我都没有听到任何人提起，贝尔德女士的行为恰恰证明了她能胜任这份工作。我最不希望看到的是司法部部长认为人们应该盲目遵守法律，我心目中理想的司法部部长应该实事求是，摒弃糟糕的法律。事实上，没有一位社论作者指出这一点，这归根结底是他们小学老师的失败。

还有一个例子：当克林顿总统提出一项代价高昂的防止犯罪的法案时，共和党批评者谴责该法案无效且充满政府恩惠，纽约市长鲁道夫·朱利安尼（Rudolph Giuliani）赞同这些批评，他同时注意到其中很多政府恩惠是针对纽约的曼哈顿地区的，因此表示支持该法案——尽管该法案可能对国家不利，但对纽约有利，而朱利安尼的工作就是维护纽约的利益。

这种行为无异于窃贼。朱利安尼为自己的职业辩护，表示这么做是为了家人。但是"我正在关照我所在意的人"不是个人生活中不良行为的借口，也不应成为公众生活中不良行为的借口。

当然，这不过是朱利安尼的工作罢了，但人们也可以说职业杀手杀人不过是他们的工作罢了。杀手得不到同情，但朱利安尼可以。为什么会有双重标准？我认为，这是因为我们给予了民选官员太多出于本能的尊重。

第四个例子：20世纪80年代初，黑手党控制了纽约市的混凝土工人工会，并利用其影响力对该市的每份建筑合同征收1%的税。这一情况因美国联邦、州和地方当局的共同努力而终止，实际上，上述三方一直在各自征收远超1%的税款。在这种情况下，很明显政府比黑手党贪婪得多。对于建筑业来说，黑手党驱逐了政府可能比政府驱逐了黑手党要好。报纸尽职尽责地将这场对抗报道为好坏之争，实际上更准确的描述应该是两条水蛭的地盘之争。

这个例子其实反映了卡恩正在研究的问题。黑手党和政府联手对建筑业过度征税，导致很多建筑项目都被废弃。通过消灭黑手党，政府减轻了建筑公司的负担，从而增加了自己的征税比例。这听起来像政府和建筑公司的双赢，实际上，政府在消灭了竞争对手后，可以动用更多资源来征税。因此，税收垄断者的地位得到巩固，对于生产行业而言可谓喜忧参半。

第五个例子：在1996年的共和党大会上，杰克·坎普（Jack Kemp）板着脸呼吁关闭非法移民的"后门"，欢迎移民合法入境。那么，为什么合法移民比非法移民更受欢迎呢？当一辆搬家的货车到达坎普的社区附近时，他是否必须先检查这辆货车沿街的哪个方向行驶，然后才决定是否欢迎新邻居？不，坎普纠结的并不是移民如何入境，而是移民入境是否得到政府批准。我们换个方式来问这个问题：当那辆搬家的货车到达时，坎普一家是否会向某个政府机构寻求对待新邻居的指导意见？答案是否定的。那么，为什么当邻居来自另一个国家，他就需要政府机构的指导了？不管是欢迎移民入境还是将他们全部拒之门外，只要对合法移民和非法移民一视同仁，我都能理解。如果一个人向政府征求关于欢迎谁、拒绝谁的建议，那就只是在盲目吹捧政府；坎普的观点能受到重视，也说明了对政府的盲目吹捧现象十分普遍。

最后一个例子是我的个人经验。几年前，我出版了一本名为《反套路经济学：为什么常识会撒谎？》的书，书中我指出国会的两党合作违反了《反垄断法》。我们不允许美国联合航空公司和美国航空的总裁联手对付公众，那凭什么任由两党领袖勾结？我收到一位编辑的反馈，问我航空公司合谋违反法律和政客合谋制定法律，是否真的没有关键区别。我给他写了回信，询问他是否有任何历史证据可以证明哪种活动更可能有害。我猜，制定法律通常比违反法律更糟糕。事实上，我的编辑从未想过这种可能性，这正是我在前文中谈到的教育驯化的另一个例子。

如果你想要抵抗这种驯化，那就抓住机会。例如，三岁的孩子问你雷达探测器[1]的问题时，其实你的答案选择是有限的。你可以选择完全坦诚，告诉他雷达探测器的唯一目的

---

[1] 在美国，人们使用雷达探测器主要是为了避免或减轻因汽车超速而导致的罚单。——译者注

是为违法提供便利；你也可以选择部分坦诚，隐瞒雷达探测器的违法用途。

我的同事艾伦·斯托克曼的大女儿格温德琳（Gwendolyn）三岁的时候好奇心旺盛。面临同样的困境时，艾伦选择隐瞒探测器的违法用途，以免格温德琳认为所有规则都是用来被打破的。当然，有些规则是用来被打破的，有些则不是，即便是像圣·托马斯·阿奎纳（Saint Thomas Aquinas）[1]这样敏锐的哲学家，也在一直努力解决界限在哪里的问题。在阿奎纳看来，关键在于符合自然法则。这对老练的成年人来说是个好方法，但艾伦认为，他三岁的女儿还无法理解自然速度限制的概念。

因此，为了维护女儿对法治的尊重，艾伦好多年没用雷达探测器。随着格温德琳年龄的增长，艾伦会有足够的时间告诉她，其实世界并不是非黑即白。

我告诉艾伦，他的分析并不全对。可取之处在于，如果你告诉一个年幼的孩子法律有好坏之分，他可能会很困惑；不可取的地方在于让年幼的孩子相信所有的法律都是好的。我更倾向于告诉年幼的孩子，所有的法律都是坏的，那么随着孩子长大成熟，他们会逐渐接纳阿奎纳的概念，即一些法

---

1 欧洲中世纪经院哲学的哲学家、神学家。——译者注

律是公正的。

用这些道理来指导行为,就像走钢丝一样冒险。我确实想让我的女儿知道警察是好人,因为如果你迷路了,他们会帮你找到回家的路;但我也想让她知道警察是坏人,因为他们执行了很多坏的法律。明白上述道理后,再和凯莉谈这个悖论,她就很容易就理解了。

有些事情即使超出了凯莉的认知范围,我也希望她能记住。凯莉在六岁的时候曾经问过我,政府会如何使用我们的税款。没过几天,韦科发生了一场大屠杀。[1]当她走进屋里,看到电视上关于火灾和惨案的报道时,我告诉她,这就是政府使用税款的方式。当她听说那里有孩子,有人烧死了孩子时,她惊恐地瞪大了眼睛,我希望并相信她永远不会忘记那一刻。

珍妮特·雷诺(Janet Reno)[2]和她手下的暴徒恰好在华沙犹太人起义[3]周年纪念日实施了这场骇人听闻的恐怖活动,这对于一些喜欢给孩子讲历史的人来说是个很好的契机。那天晚上,凯莉和我就过去的暴行、现在的暴行和未来

---

1 指1993年发生在美国得克萨斯州的韦科惨案,死者中包括二十多名儿童。——译者注

2 1993年时任美国司法部部长。——译者注

3 华沙犹太人起义是指1943年4月19日至5月16日,在德占波兰华沙的贫民窟区域,由犹太人组成的反抗组织起义。这次起义是第二次世界大战期间欧洲犹太人反抗纳粹统治的重要事件之一。——译者注

的暴行进行了简短的交谈。

那些令人情绪激动的时刻在凯莉的记忆中留下了不可磨灭的印象,也正是她迸发自然情感的时刻,在我的记忆中留下了最不可磨灭的印象。我在她五岁的时候给她读了一本林肯的传记,当我读到林肯访问新奥尔良并看到人们戴着锁链像动物一样被贩卖时,她惊恐地倒吸一口凉气。我被某种情感所牵制,几乎无法继续读下去,这种情感既是对我女儿超然的爱,也是对人类所有苦难难以忍受的悲痛。几年前,我第一次为她读《维肯、布林肯和诺德》(*Wynken, Blynken and Nod*)[1],读到高潮时,我们发现"维肯和布林肯是两只小眼睛,诺德是一个小脑袋……",她的喜悦和认可让我充满了同样难以言喻的情感。

我想知道有多少童年的情感是由一首诗或一个故事唤起的。凯莉被超级畅销书中"美国女孩"艾迪(Addy)的经历感动。艾迪逃离了奴隶制,与她的家人在北方开始了新的生活。部分归功于艾迪,凯莉想更多地了解地下铁路[2]及人

---

1 《维肯、布林肯和诺德》是一首儿童诗歌,讲述了三个小男孩在一艘银色的船上睡觉的故事。它是儿童文学中的经典之一。——译者注

2 美国地下铁路指的是19世纪在美国运作的一个秘密逃亡网络,旨在帮助非洲裔奴隶逃离奴隶制度并前往自由州和加拿大。这条地下铁路由许多个人和组织运营,他们致力于协助逃亡奴隶实现自由。它并非真正的铁路系统,而是指一系列秘密的逃亡路线和安全屋,供逃亡奴隶使用。——译者注

类对自由的普遍渴望。

  由于凯莉还是个孩子，在知识储备上仍有不足。在公立学校的第一天，凯莉遇到了一个黑人孩子，回家后，她就宣布自己交了一个逃亡奴隶朋友。那天晚上，我们又花了很长时间谈论历史，澄清一些重大误解。我相信并期待未来会有更多这样的对话，以填补小学课程的一些空白。

第五章
生活提供的一切

第五章 生活提供的一切

我喜欢给女儿读诗。从她牙牙学语一直到她忙于学业和社交,我几乎每天晚上都会读诗给她听,通常每次45分钟。配合她的日程,我们尽可能挤出时间,有时每周一次或两次。她是唯一一个会静静地坐着听我读书的生物,而且她很享受并期待。我不会严格筛选内容,总是给她读我喜欢的诗。我们一遍又一遍地读艾略特(Eliot)、叶芝(Yeats)、杰拉尔德·曼利·霍普金斯(Gerard Manley Hopkins)和狄兰·托马斯(Dylan Thomas)。《荒原》(*The Waste Land*)是她最早的摇篮曲。

无论是《老国王科尔》(*Old King Cole*)还是《冰激凌皇帝》(*The Emperor of Ice Cream*),凯莉在她还无法理解诗意之前就已经爱上了诗的声音。我相信她会拥有类似狄兰·托马斯那样的记忆。对她来说"骑木马到班伯里十字路口"这句话难以忘怀,当时她还不知道木马是什么,也不关心班伯里十字路口在哪里。就像我很久以后读到约翰·邓恩(John Donne)的诗句"去捕捉流星,去找曼德拉根"那样。我第一次读它们的时候,也无法真正理解。

还有:

这些文字的意义没有那么重要,重要的是我第一次从那么遥不可及又难以理解的成年人的口中听到了这些文字,让我觉得成年人或许和我生活在同一个世界里。对我来说,这些文字就像钟声,像乐器的声音,像风声、海声和雨声,像送奶车的嘎嘎声,像马蹄踏在鹅卵石路上的声音,像树枝拍打在窗玻璃上的声音,就好像一个天生失聪的人奇迹般地恢复了听力。我不在乎这些文字说了什么,也不在乎杰克、吉尔及其他鹅妈妈发生了什么事;我在乎的是他们的名字和描述他们行为的话语,在我的耳中有了形状,在我的眼中有了颜色。

我想,至少在最初几年里,凯莉也有过这样的经历。有一天晚上,我为她读阿齐博尔德·麦克利什(Archilbald MacLeish)的《诗艺》(*Ars Poetica*),最后一句是"诗不是为了传递信息,而是作为它自身存在"。读到这句的时候,六岁的凯莉在床上猛然直起身子问道:"诗本身是什么?"她发现了诗的意义,她的世界变大了。

一些诗对凯莉来说有特殊的意义。每当我们翻开罗伯特·弗罗斯特（Robert Frost）的《火与冰》（Fire and Ice），读到"世界将因过度的欲望或仇恨而终结"时，她都会平静地会心一笑。她知道托马斯的《羊齿山》（Fern Hill）讲的是失去心爱的童年家园，也许她会感觉到这是关于童年本身的丧失，也许不会。虽然她觉得这首诗悲伤而美丽，但她可以不流一滴泪地听完整件事——不像她的父亲。

当然，当她躺在床上听到托马斯的《梦中的乡村》（In Country Sleep）的开场白时，她知道也有一位父亲在睡前安抚他的女儿，就像我们一样：

> 永远，永远，在炉边童话的原野上
> 驰骋的女孩，在恍惚中睡去，
> 不要担心，也不要相信羊毛白头罩下的狼
> 奔跑、粗哑而愉快地学羊叫
> 我的宝贝，我的宝贝，
> 不要担心它会跳出潮湿、积满落叶的狼窝
> 来到玫瑰林中的房子里吞吃你的心肝。

读这首诗的时候，我不确定她对这种深刻、悲惨的暗示理解多少，但在这种情况下，即使是一名父亲也无力阻止更大危险的暗示。

我想，她能理解霍普金斯诗句中的悲剧和经济学：

有没有方法让蝴蝶结、胸针、辫子、支架饰带、花边、门闩或锁扣或钥匙
保持美丽
恢复美丽，让它的美丽不再消失？

顺便说一句，大声朗读霍普金斯是人生最大的乐趣之一。

我之所以为凯莉读诗歌，是因为这是我碰巧欣赏的一门艺术，我可以与她交流。出于同样的原因，我和她谈论数学，希望有一天我们的谈话能够激发她欣赏复杂数学结构中蕴含的简洁、清晰之美，就如19世纪那位数学家着迷于三次曲面上27条直线的壮观的矩阵形式。而她的名字正是来自这位数学家。[1]

我能教给她的东西是有限的。例如，我对音乐的鉴赏力非常有限，所以凯莉在这方面需要其他引路人（除了感恩而死乐队，我和凯莉在音乐喜好上很难调和，她喜欢爱司基地

---

[1] 指阿瑟·凯莱（Arthur Cayley，1921—1895），英国数学家，矩阵论的创立者。——译者注

乐队，而我更喜欢桑德海姆¹）。我确实相信——基于经济学的观察——我能为我女儿做的最有价值的事情就是让她了解生活的可能性，或者让她了解她的（用我这个职业难懂的行业术语来说）机会集合²。

为此，我抓住每一个机会让她明白，她获得的每一种物质享受都是天才之举的产物。汽车、电脑和超市之所以存在，是因为有人想到了它们。我巧妙地营造这样一种印象，即天才的行为值得效仿。

历史上似乎有很长一段时间，天才行为很少见，经济停滞不前，最近一次是在中世纪。随后我们便迎来了工业革命，伴随着文化创新，人类生活发生了翻天覆地的变化。我希望凯莉为这种文化创新着迷，并投身其中。

我想让她知道，人生成功的秘诀是发现需求并找到方法满足需求。没有一位艺术家、发明家或企业家因故步自封而取得伟大成就。这条道理适合所有人，不管是不断寻找方

1　感恩而死乐队（Grateful Dead）是1964年组建的美国乐队，迷幻摇滚开创者之一。爱司基地（Ace of Base）是20世纪90年代欧洲歌坛最富有传奇色彩的流行组合。桑德海姆指史蒂芬·桑德海姆（Stephen Sondheim），美国作词人、作曲人，号称概念音乐剧鼻祖。——译者注

2　机会集合是指在预算约束和时间约束下，经济个体所能够做出的选择的集合，即那些在实际中可行的全部选择所构成的集合。对于经济个体的决策而言，只有在处于机会集合内的那些选择行为才是切实可行的，而处于机会集合外的选择都是不可行的。——译者注

法提高产量的流水线工人，还是前进在现代主义道路上的诗人。

孩子们没有办法一眼看清这条道理，他们需要有人来教。如果一名青少年写了一份申请之后，就幸运地从一群和他同等条件的申请人中被选中，获得暑期工作机会，他就很容易陷入这样的误区，即认为通用汽车公司的董事长和他一样，也是轻而易举就获得了成功。父母需要破除这种错误印象，向孩子解释企业的成功和一般的成功一样，是那些从芸芸众生中脱颖而出的人不断创造、努力实现的。

这意味着不同于美国总统，大企业的高管往往非常聪慧且不可替代。公司高管的成功通常是因为他们有着独特的想法和出众的能力，而政客的成功很大程度是因为他们尽量避免得罪别人。

显然，最高法院的一些法官从未学过这些道理，并在1982年的裁决［克林顿总统在针对保拉·琼斯（Paula Jones）[1]起诉的辩护中引用了这一裁决］中将他们的认知停滞体现得淋漓尽致。该裁决使美国总统免于因任期内的行为而被提起诉讼，因为这些诉讼会"妨碍总统的决策"。然

---

1 保拉·琼斯是美国阿肯色州政府前雇员，在1994年对克林顿提起性骚扰诉讼，指控克林顿在担任阿肯色州州长期间对她进行性骚扰。在对"拉链门"事件的调查中，琼斯提起的诉讼重新成为焦点，克林顿最终因在琼斯案中做伪证和妨碍司法而被美国众议院弹劾。——译者注

而，通用汽车公司的总裁就无法享受这种豁免权，尽管其角色更不可或缺。

这并不是说公司高管应该享有诉讼豁免权，而是说如果要赋予人诉讼豁免权，那么美国总统就不能优先得到这种优待。事实上，很难想象一个每天除了重新分配别人财富外什么都不做的政治家的时间，会比数千万每天都在做有意义的事的公民的时间要珍贵。

法院在1997年对保拉·琼斯案的裁决中一致裁定，不能豁免总统因上任前的行为而被提起的诉讼。但法院并未明确驳回这种谬论，即总统的时间比出租车司机、经济学教授或企业高管的时间更有价值。

高管们之所以能挣这么多钱，是因为他们的技能稀有；如果他们的技能很普遍，那么竞争就会压低他们的工资。要赢得丰厚的回报，就必须做出独特的贡献。

我希望我的女儿能明白这些，并且我希望她能知道一个更普遍适用的道理，即只有当她做对社会有用的事情时，人们才会愿意付钱给她。虽然对社会有用不是人生唯一正确的目标，但能有个标准来衡量你在这方面的表现也是很不错的。

我曾经问过一位准爸爸希望他的孩子成为什么样的人，

他立刻回答"防守截锋"[1]。不过他很快又跟我说,实际上,他不会特别要求孩子成为什么样的人,无论生活把他带向何方,只要还在"界内"就可以。

说到这些时,他的眼中闪烁着光芒。

我不知道凯莉在生活中会扮演什么角色,但希望她能乐此不疲。如果她高中成绩全A,我反而会觉得有点不安。青少年如果将学业视为重中之重,就意味着他很可能无法培养自己的热情、兴趣和抱负。精益求精地写一首诗、设计一辆自行车或完成纽约马拉松,远比努力学习在高中经济学课考试中及格重要。

这么说并不是要贬低经济学。相反,经济学是我和凯莉的共同爱好,尤其是当它出现在新闻中时。凯莉一直以来都对时事很感兴趣,这种兴趣可以追溯到海湾战争时。说实话,凯莉有点早熟,那时她刚满三岁,就能敏锐地发现她认识的成年人变得出奇地忧郁,特别关注电视上的内容。她想知道当时发生的一切,并希望确保这一切离她很远。之后的好几个月里,她都想看新闻,了解所有的新闻故事。她五岁的时候,我甚至听到她向一名十二岁的孩子解释鲍里斯·叶利钦(Boris Yeltsin)是谁。

---

[1] 指橄榄球比赛中的防守截锋。这是橄榄球比赛中的防守位置之一,通常站在防守队伍的前列,负责在对方进攻时进行阻击和抢截。——译者注

由于许多新闻报道涉及经济学，我和凯莉自然而然有了共同的兴趣。对于很多经济学问题，向孩子解释要比向成年人解释轻松，因为成年人的偏见早已成形。凯莉知道最低工资标准限制了一些人工作，而很多成年人都不明白最低工资的本质；她很清楚公共电台是由政府所有并经营的，并意识到公共电台很可能是一种亲政府的宣传，相反，许多成年人似乎认为政府所有的媒体倾向于支持政府只是巧合。

难以置信的是，一些成年人都不懂的道理，凯莉早早地就明白了。比如，凯莉知道有些人无家可归是因为他们不想买房[1]。当一位电视评论员指出，这个社会问题的存在是因为住房"短缺"时，凯莉对此嗤之以鼻。她已经长大了，知道只要有人想买房子，就会有人造房子。

凯莉在上一年级的前一天晚上感到一阵恐慌。当我给她盖被子的时候，她突然强忍着泪水脱口而出："我害怕上一年级。"于是我们打开灯聊了起来，我给她讲了一个小男孩的故事。很久以前，这个小男孩也很害怕上一年级，故事很长，但结局很顺利。最后，我告诉凯莉，那个小男孩长大后成了她的父亲，她得到了极大的安慰。

第二年，凯莉参加周六早上的体操课之前，也出现了类

---

[1] 即他们可能不愿意赚足够的钱买房，也可能不愿意把赚到的钱用于买房。——作者注

似（但更温和些）的惊恐，不过这次我没有个人故事可以分享（实际上，小男孩的故事也纯属虚构，我完全不记得上一年级时的感觉了）。但凯莉钟爱经济学推理，于是我们分析了体操教练的动机：如果孩子们不快乐，选择退出项目，那么学校的收益就会降低，由此可以推出，老师肯定会尽力让孩子们开心。这种逻辑完全消除了她的恐惧。幸运的是，她忽视了这样的事实，即公立小学的新老师并不会受这种激励的影响。顺便说一句，这门课很成功。

几年前，我、凯莉还有她四岁的朋友杰西卡一起在树林里散步。杰西卡发现了一根美丽的羽毛，这让凯莉有些嫉妒。当然，她以前也有过嫉妒的感觉，但从来没有表达过。直到杰西卡回家后，我和凯莉才有时间认真谈论她的感受：凯莉的嫉妒出于一种渴望，而不是痛苦。她知道了当朋友找到了一根羽毛而自己没有的时候，与其暗自伤怀，不如为朋友感到高兴。当我告诉她，这是许多成年人都未能领会的道理时，她很吃惊。凯莉从来没有想过要用武力夺走杰西卡的羽毛，因此当我告诉她累进所得税时，她十分震惊。

小女孩——有时是小男孩，虽然我认为程度不同——花很多时间来搞清楚她们的朋友是谁。当三个玩伴在操场上相遇时，其中一个就会感到被冷落。凯莉有过这样的经历，我也间接感受过她的伤心。如果可以的话，我会告诉她问题所在和如何修复友谊。更多时候，我只能倾听，擦去她的泪水，或者告诉她我之前说过的同样的话：当两个孩子想和对方玩而不是和你玩的时候，有时你能做的就是学会面对这样的情况，强迫他们和你一起玩的行为并不可取。

她总是和我说，这可能适用于成年人，但对孩子来说很难。对此，我确实不知道要怎么回应，总有一天凯莉会遇到很多没有她想象中那么成熟的成年人。因此，我也想对每个在外国竞争中寻求"保护"的美国制造商说，当两个人想互相交易而不是与你交易的时候，有时正确的做法是学会面对。也许你可以强迫他们与你交易，但这不但幼稚，而且错误。

我一直在探索用新的方法教孩子经济学，为此，我提议将税制改革代入思考。以下是我的想法：我们沿用现行方法计算要缴纳的税额，但是不同于向美国国税局（IRS）付款，你向玩具反斗城[1]付款以换取同等价值的玩具。你把玩具带回家给孩子们，一周后国税局的探员就会到你家没收你的玩具，并把玩具换成等额现金退还给你。这是我能想到的教孩子什么是税的最佳方法。

如果没有这种极具戏剧性的假设，一个孩子也可以从日

1　玩具反斗城（Toys R Us）是美国一家大型的玩具连锁店。——译者注

常生活中汲取经验，学到知识。比如在上学第一天的时候，在树林里散步的时候，在游乐场发生争执的时候。当然，也可以是在坐车兜风的时候。我还记得凯莉九岁那一年，她照着镜子打扮自己，我不经意地问她：车辆向前行驶的时候，她脸上的光是怎样到达镜子的呢？这个问题引起了她的好奇心。她说，这很简单，光的速度肯定比汽车快。我又问，如果车子比光还快呢？她说，那镜子就失灵了！接下来，我们谈论了为什么一些物体在高速运动和静止时没有任何差别，而镜子是例外。之后，凯莉出人意料地告诉我，车速无论如何都不会比光的速度更快。

有时，她让我赞叹不已。

一天晚上，我又饿又累，我的抱怨让凯莉问我是更饿还是更累。我的第一反应是这个问题毫无意义，因为饥饿和疲劳的衡量单位不同，不可以相互比较，两者不存在统一的衡量标准。我知道比一小时以前更饿是什么感觉，但我不确定比累还饿是什么感觉。

后来我仔细想想，其实成年人常常会问对方这样的问题，另一方也会回答，双方似乎都很自信这些回答能传递一些重要信息。因此，我们必须具备某种本能，用一个单一维度的衡量工具来传递我们的基本需求。我很感谢凯莉让我认识到，用经济学晦涩难懂的方法衡量人类需求是不够充分的。

在吃了一点东西并休息一会儿之后，我开始反思凯莉提出的这个具有反讽意味的问题。众所周知，思虑不周的成年人坚持认为，无法用金钱衡量爱、环境或人类生活的价值，其实这正反映了用统一尺度无法衡量不同的问题。凯莉在某种程度上可以当这些成年人的老师。相较判断是更饿还是更累，判断是保护一种稀有的猴子还是在银行账户里多存50美元更容易，即使小孩也能够做到。

经过一个小时的嬉笑打闹后，凯莉和我躺在地板上，大口喘着粗气。我转过身来，要她答应我：永远不要嫁给一个无法给你这么多乐趣的人。她同意了。然后，我挠了挠她的肚子，我们又开始嬉闹。

让我们看看我从父亲的角度提出的其他建议。

我的荣誉新生经济学研讨课要求很高。想进入这个班，学生必须递交申请和一篇论文。今年，有位申请人的文章写到：他是一个非常细心和耐心的倾听者——因为他发现尊重对手有助于赢得他们的支持。

看到这篇申请，我十分恼怒，平静下来之后立即拒绝了他的课程申请，同时也很遗憾无法取消他的大学入学资格。

我认为，将辩论视为竞争的人不属于大学，也不属于文明社会。一个人认真聆听对手的观点，不应该是为了赢过他们，而是为了看看自己能从他们身上学到什么。这个孩子一路读到高中，却一直未能发现，在辩论中被证明错误是一件令人高兴的事，因为这能让自己变得更丰富。

我也有过片刻犹豫，想让他参加这门课程，希望我能够教给他这个道理。重读他的文章之后，我确信他展现的并不是幼稚和无知，而是一种无法弥补的性格缺陷。

作为一名父亲，我的建议是，尽量不要像这位学生一样，也尽量不要成为被有恶劣标题的畅销书《辩无不胜》（*How to Argue and Win Every Time*）[1]所蛊惑的读者。

辩论如同嬉笑打闹，重点不在于获胜，而在于享受这一过程。从父亲的角度出发，我的建议是享受过程。这就是生活的乐趣。

凯莉不到三岁的时候，我带她去看迪士尼的《美女与野兽》（*Beauty and the Beast*）。临近片尾，野兽濒临死亡时，她默默地流着眼泪，令人心碎。这是一种真挚而深沉的情感，需要细细品味。在那一刻，我突然想起了一段文字，这段文字我多年未曾想起：

---

[1] 美国律师盖瑞·斯宾塞（Gerry Spence）1996年出版的一本畅销书。——译者注

有一次，应约翰（John）的要求，我没有读睡前故事，而是读莎士比亚名作给他听。在读睡前读物这件事上，我从不强迫他。当我读到麦克白谋杀了邓肯，意识到他对自己的灵魂做了什么，并问世界上所有的水是否足够洗涤他的灵魂，还是除了把浩瀚的海洋染成红色之外别无他法。听到这句话时，约翰整个人抽搐了一下。我默默地感谢上帝。因为我知道，如果在孩提时代便可以发自内心感受到对生命和世界的崇敬和敬畏，这意味着他领悟了贝多芬和莎士比亚作品的精髓，这也是一个人发自肺腑的自我满足时刻。

无疑，作者懂得什么是真正的为人父母。

正如我所说，我所有的建议都关于享受乐趣——享受欢声笑语，享受深刻情感，享受知性理解，享受创造成就的乐趣。每当我给凯莉读书发现新的想法，我都会停下来告诉凯莉，所有的想法都来自人。我真正想告诉她的是，生命的价值在于拥有思想。

凯莉一年级时对大陆漂移说产生了浓厚的兴趣。我不确定这种兴趣从何而来，她收集了很多相关的书，喜欢让人读给她听。有一次晚间阅读的时候，我又停下来向她灌输我自以为正确的观点，即形成个人想法的重要性。"你知道，"我说，"在我小的时候，没人知道大陆漂移，这是人们最近才发现的。"这引起了她的兴趣："最近是什么时候？"她很想知道。"嗯……最近。""是我出生后吗？""不，在你出生前，但距离你出生也不算太久。""那是在你和妈妈结婚之前？""嗯……我想是的……对。""那是在你十几岁的时候吗？""我很肯定那时候我已经不算是个少年了。"她陷入了沉思，终于问出了一个明确的问题："那就是在你成年后、结婚前，是吗？""是的。"我说。"那么，是在你们发生性行为的时候吗？"

我不确定六岁的凯莉如何看待性，于是我问她，这是什么意思。她不屑地说："不敢相信你不知道性是什么。"于是，我就不再提这件事了。无论性是什么，她相信，这发生于少年和婚姻两个时间段的中间。我希望在充满热情的生活中，她能够在少年时期和成年后都快乐发展。

我希望凯莉能看到我发现的美，也能发觉我忽视的美。我希望她寻求真理。我相信她可以做到。

第六章
文化偏见

第六章 文化偏见

根据我刚刚读的书来看，我们生活在一个真正的信仰时代。我们打开灯，自信地期待着光线照亮整个房间，从不停下来想为什么或者这是如何发生的。我们坐飞机，用微波炉，上网冲浪，但我们对实现这些的技术知之甚少——甚至往往不感兴趣。

书中还指出，相比之下，我们的远祖在他们那个时代有更强的掌控感。当社会的科技发展比较有限，例如箭头要用岩石才能磨出时，就意味着社会不会因为技术发展超越人类理解或掌控而面临相应的风险。

书中的这些描述简直比胡说八道还离谱。在今天，不到1%的人能解释清楚用石头撞击岩石的时候到底发生了什么，或者是什么让石头从一开始就紧紧结合在一起。对于任何没有掌握量子力学原理的人来说，仅仅是坐在石头——或椅子——上并相信自己不会摔个四脚朝天，都是一种巨大的信仰行为。除非你认为量子力学是在古代非洲发明的，一直以来只是被人遗忘，否则你就必须得出这样一个结论：直到

20世纪，才有人知道万事万物是如何运作的。

你可能会回答说，这是因为理解有程度之分。的确，尼安德特人——和当代智力普通的人一样——无法在亚原子尺度上完整地解释是什么将事物聚集在一起，但在可观察领域，尼安德特人对事物的运作有清晰的认知，他们的世界就是围绕着这些知识展开的。你可能会坚持认为，史前的世界观与现代人将头顶照明视为理所当然的思维方式形成了鲜明的对比。

不管你再怎么坚持，这种看法都是站不住脚的。我可以用试验证明。把一根树枝掰成两半，然后把这两半放到原来的位置。为什么树枝没有复原？所有的零件都还在，就像你掰断它之前那样；你明明已经将各个部分重新组合在一起，看起来所有部分都和你掰断之前处于同一位置，为什么它们现在无法粘在一起了？

如果你无法回答上述问题，那么你对树枝基本特性的认知是主观的；如果你可以回答上述问题，那么你可能也非常清楚为什么灯能亮起来。在这种情况下，树枝和电流一样神秘，都需要人们的主观信仰，才能将其视为理所当然。

每个时代都是信仰时代，每个生命都是一系列未经检验的假设。这些未经检验的假设大致构成了我们所说的文化。拒绝质疑这些假设，被称为文化偏见。当一些人注意到某个假设未经检验并对其检验时，进步就会发生。

认为电比普通物质更神秘或更难理解，就属于文化偏见。我一直在读的那本书的作者从小就学会了将某些事情视为理所当然，现在却声称自己是故意抑制对事物的好奇心。这警示我们应该谨慎选择让孩子认为是理所当然的事。

认为抢劫卖酒的商店是恶但征收累进所得税是善——或者至少没有抢劫商店那么糟糕——也是一种文化偏见。这种偏见表面看来是出于对法治简单且一贯的信仰，实际上远不限于此。为制定累进所得税法游说，完全符合美国的政治传统，而为抢劫商店合法化游说普遍被视为不光彩。这两种做法实际上都是试图通过完全"在国家政治体系内"的行动，来改变法律。人们之所以会有不同的反应，是因为不仅受到对该体系忠诚度的约束，还受到对合法修改体系的文化信仰的约束。

文化信仰通过教育传递给下一代。我的女儿在学校学会了"偷东西是错误的"这条道理，但她不知道没收性征税也是错误的。这种灌输产生的影响持久且强大。我敢肯定，凯莉永远不会同意盗窃合法化，但她可能会同意提高征税。[1]

---

[1] 虽然我希望不会。随着凯莉接近青春期，我坚守在她出生那天的约定：我不会试图支配她的道德，只要我能完全控制她的政治倾向。——作者注

税制改革是一项宏伟而光荣的事业，完全改变现行制度的事业则更加宏伟和光荣。要想实现这一点，就需要进行一场文化信仰革命，并通过小学教育不断强化和延续。这类似于废除奴隶制。从短期来看，人们靠武力废除了奴隶制；从长远来看，道德论证才能将其真正破除。

一些政治家指出，高边际税率会阻碍经济增长并限制穷人和中产阶级的机会，虽然他们的观点是正确的，但这群胆怯的政治家永远无法赢得反对累进税这场斗争的胜利。只有当越来越多的人公开宣布累进税是错误的，这场斗争才能像反对奴隶制的长期斗争一样取得胜利。如果人们反感商店里的偷窃行为，那么他们有一天会知道，向"富人"征税同样令人感到恶心。

文化偏见与认知分裂相辅相成。通常，当两个相互矛盾的想法试图占据一个人的头脑时，它们就会发生冲突，直到其中一个让步。但是，当对立的力量披上文化偏见的重甲时，两者就都无法被驱逐——它们永久占据了你的思想，而原先可能会蓬勃发展的独立思想不得不让位。

因此，当我的女儿在周一被教导"把法律掌握在自己手中"是一种恶习，然后在周二被教导"在校园内捡垃圾"是一种美德时，我很担心。捡垃圾难道不是"把法律掌握在自己手中"的一种表现形式吗？我们有禁止乱扔垃圾的法律，也有适当的权力机构在执行这些法律。在我女儿就读的学校，四年级的"义务警员"篡夺了这些权力，把垃圾袋作为自己的武器，在操场上肆意妄为。

尽管周一的课上讲"把法律掌握在自己手中"是一种恶习，但"义务警员"仍是一股正义的力量。事实上，只要人们讨论的法律是"善"的，那么自行制定法律并伸张正义，几乎总是令人钦佩的。如果别人执行的法律能够满足你的需求，你又怎么会反对他们无偿执行呢？

我想，老师们之所以在周一这样教导孩子，是担心有些孩子以过于宽泛或过于自私的方式"执法"。一般来说，坏孩子还是会做他们想做的事。我更关心那些更容易受到道德劝说影响的好孩子。我想让他们知道，坏的法律就是应该被削弱的，而好的法律应该得到维护；如果他们的行为可以削弱坏的法律或维护好的法律，就是值得赞赏的。

更重要的是，我想让孩子们知道，重复那些你不知道是什么意思的词，是一种不好的习惯。思想上的一致性是一种值得努力追求的东西，它不能与旨在代替思考的口号共存。因此，我认为当孩子们被鼓励相信言不由衷时，我们不应沾沾自喜。

老师们告诉凯莉，应该保护所有濒危物种，同时老师们也告诉凯莉，应该消灭艾滋病毒。凯莉三年级的时候，老师要求她自选一个濒危物种并写一份报告，于是我鼓励她选艾滋病毒作为对象（但失败了）。艾滋病毒可能只是许多尚未濒临灭绝的物种之一，我们想将其消灭，是因为它的存续会让受害者付出极大的代价。从本质上来说，这无异于提倡消灭雪鸮，因为它让木材的生产者和消费者付出极高的成本；也无异于提倡消灭海牛，因为它让开发亚马孙流域的人付出极高的成本。原则上，它们并没有什么不同。这些说法有些正确、有些错误，要辨别真伪通常需要对具体情况展开彻底且公正的调查。像"保护濒危物种"这样空洞的说法不仅愚蠢而且无用。同时，这样的说法灌输了一种用偏见代替分析的习惯，十分危险。

老师们也告诉凯莉，勤奋和节俭是美德——尽管对于大多数人来说，努力工作可能就是为了能够过得不那么节俭。

这种对勤奋和节俭的强调，让我想知道老师们对生活的看法。一个过于认真听取老师建议的学生，去世的时候肯定在银行里还存着大笔的钱。

明年，老师将会告诫凯莉，青少年性行为是一件坏事，同时也会告诉她，"安全性行为"可以避免不良后果。老师会告诫凯莉，青少年犯罪是一件坏事，但学校并不会提供"安全犯罪"培训（"犯罪是个坏主意，但如果你决定抢劫，一定要戴上面罩并且不要使用非必要的武力，否则可能会将轻罪升级为重罪"）。老师也不会解释青少年性行为和青少年犯罪这两件"坏事"之间的差异。

学校只教安全性行为而不教安全犯罪肯定是有原因的，可能他们认为学生更容易发生性行为而不是犯罪；或者，不管他们嘴上对学生说的是什么，他们也许真的相信，性不同于犯罪，性不一定是坏事。如果这是老师们的真实想法，我希望他们能坦诚相告，而不是把我的女儿吓个半死。

凯莉在学校学到了很多，其中包括一些在具体实践中毫无用处的一般行为规则。成年人可能对他们坚信的内容沾沾自喜，如果审查一番，就会发现他们坚信的内容有惊人的矛盾——即使不是在严格的逻辑意义上，至少在感觉上是这样的。根据我的因果调查，80%的父母认为他们能够强烈影响孩子的价值观，即使他们坚信自己的父母对自己的价值观没有影响。

如果一个人说"我努力找了好几个月的工作但没找到，无奈之下，我才开始行窃"，另一个人说"我花了好几个月找人约会但都没找到，无奈之下，我才开始强奸"，前者会得到他人本能的同情，而后者只会得到蔑视。我们应当从这两种截然不同的态度中吸取教训，其中之一就是，或许我们对小偷的同情被误导了。令我震惊的是，有那么多人同时持有这两种矛盾的态度，且觉得不必去调和它们。

我经常听到有人说，反对堕胎合法化的人有义务收养被遗弃的孩子，但我从未听人说，反对死刑的人有义务收容被定罪的杀人犯。为什么人们会接受这样的双重标准而且自鸣得意，甚至不容置喙？

支持越南战争但逃避服兵役的政治家因虚伪而受到谴责。按照这个标准，我们应该将任何支持垃圾收集但从未担任过垃圾收集员的政治家、任何支持艾滋病研究但从未在实验室工作过的政治家，以及任何想要提高生产力但从未经商过的政治家，都称为伪君子——但是没有人会把这些话当真。那么，为什么服兵役不受这种"一般规则"约束？

收听广播的时候，我发现我们国家宏观经济两个最大的问题是：（1）人们支出不够，（2）人们储蓄不够。评论员似乎并不会因为在同一次广播中同时表达的两种担忧相互矛盾而感到尴尬。我想知道，他们怎样才能让人们同时增加支出和储蓄。

我读到过这样的说法："我们应该资助大学，因为大学毕业生的收入比高中毕业生高，收入更高意味着国家税收更多。"与此同时，就业人员的收入高于失业人员的收入也是事实。因此我想，按照同样的逻辑，哪怕企业只有一名员工，我们也要对企业进行资助。实际上，这种逻辑站不住脚。

鲍勃·多尔（Bob Dole）从美国国会参议院辞职时，一方面号召缩小政府规模，另一方面又列出了一份他最引以为傲的立法成就清单，其中每一项成就都扩大了政府的规模和管理范围。要么他撒谎了（不管是对自己的政治哲学还是对自己引以为傲的事），要么他根本无法鉴别不符合逻辑的表达。但他的听众没有注意到，因为他们早已习惯了没有意义的政治话语。

从那一刻起，多尔将"小政府"和"大政府"同时提升为竞选的两大核心，真正令人惊讶的是，没人指出过这种矛盾。例如，在我看来，任何有思想的主持人都会在辩论中提出这样的问题："多尔参议员，您说您与对手的区别在于对方追求大政府而您追求小政府。同时，您又说您任参议员期间最引以为傲的成就包括《残疾人法案》《清洁空气法案》和《1991年民权法案》。抛开这些立法是好是坏的问题，似乎这些法案都毫无疑问地扩大了政府的规模。您对您减小政府规模的成就感到自豪吗？如果是，能谈一谈是哪些成就吗？如果不是，能谈谈您与克林顿总统在这个问题上有什么哲学上的不同吗？"

实际上，我一直在等人问这个问题。早在四年前，就应该对时任总统布什提出这个问题。

有一天，我和女儿在树林里散步。她停下来闻花香，我走在她前面，先发现了池塘。"凯莉，快来看！"我的声音打破了森林的寂静，声浪层层传入女儿的耳中，她听到后跑了过来。我们轮流捡起鹅卵石，扔进池塘里。鹅卵石在水中泛起的涟漪不断向外扩散，层层变大，直到触碰岸边。

如果你曾向池塘扔过鹅卵石，你可能会想：日常生活中的声音为什么不像石子激起的涟漪一样，一层又一层，声音逐渐减小，到达耳朵，就像听瓦格纳歌剧一样？

尽管我会深入思考一些问题，但对此我从未想过。直至年近三十，有个已经知道答案的人问了我这个问题。[1]现在我年过四十，自然而然地问出了这个问题，但当时的我没能提出这个问题，真令人感到不可思议，以至于我觉得自己的二十多岁一定是在恍惚中度过的。

不管是对儿童还是对成年人来说，产生好奇心都比想象中难。凯莉知道涟漪和声波，但从未问过我为什么声音只能被听到一次。人们需要像哈勃（Hubble）和爱因斯坦

---

[1] 现在我也知道了答案，但可能要先简短介绍微积分，才能解释这个问题：因为大气是三维的，为奇数；池塘表面是二维的，为偶数。如果我们生活在四维、六维或八维的大气中，我们听到的声音就每次都会产生"涟漪"的效果。——作者注

（Einstein）一样充满好奇心，才能问出："为什么夜间天空是黑色的，日间天空是蓝色的？"他们的非凡好奇心促成了科学的伟大发展。根据我的经验，所有孩子（和许多大人）都会将宇宙（或至少人类认知）中最深奥的奥秘视为理所当然，从不质疑——惊人的不对称性让我们能够记住过去，却无法记住未来。

我曾经遇到一位家事法庭[1]的法官。他已临近退休，当回顾自己处理孤儿和被遗弃儿童案件的职业生涯时，他发现，收养是错误的解决方案。几十年的经验告诉他，相比亲生父母抚养的孩子，养子在学业、法律、人际关系和事业上都会面临更多的问题。我问他，收养的孩子与未被收养的孤儿和弃儿是否更具可比性。他承认自己以前从未考虑过这一点，现在需要重新反思这几十年的经验。有人会认为这位法官太愚蠢了，不具备代表性（对此我表示赞同）。我之所以一直记得这件事，是为了提醒自己：人们会非常轻易地接受某个观念，然后让这些观念生根发芽，最后将它们视为理所

---

1 美国的家事法庭是负责处理家庭事务和家庭纠纷的法院。它处理的案件范围与家庭法庭相似，包括离婚、子女抚养权、财产分割、监护权、遗产分配等问题。家事法庭的目标是为当事人提供公正的解决方案，保护家庭成员的权益，维护家庭稳定和儿童的福祉。在中国，家事案件通常由人民法院的民事审判部门或民事庭审理，而不是专门设立家事法庭。在中国的民事诉讼制度中，家事案件归属于民事案件的一种，由相应的民事审判机构负责处理。——译者注

当然。

我一直在想：如果法官的决定影响的是他所关心的人而不是陌生人，他会不会一开始就考虑得更清楚？

说到法官，我曾经看过美国公共电视网（PBS）的一个小组讨论，内容是如何选择患者参与实验药物研究。小组成员来自各行各业，据说代表了所有观点［其中包括时任美国联邦最高法院大法官安东宁·斯卡利亚（Antonin Scalia）］。我很清楚在这个问题上，小组成员基本上可以采取两种立场：要么允许患者自行选择治疗方法（受制于实验者设计的激励措施），要么允许他人为患者选择治疗方法。些许令人失望的是，包括斯卡利亚大法官在内的每一位小组成员都选择了第二种立场；更令人失望的是，包括这名大法官在内的每一位小组成员似乎都没有认识到，第一种立场或许可行。他们都假设有一位管理员负责决定是否将患者纳入研究，每个人都强烈支持管理员对于是否将患者纳入研究应该采用某套标准，但没有一个人质疑是否要设置管理员角色这个基本问题。

如果我遇到这个问题，我会先设定适当的价格。如果有太多患者想尝试新药，就向他们收费，或者付费给他们让他们放弃尝试；如果缺少足够的患者尝试新药，就向受试者付费；如果某些患者比其他患者更适合实验，就为不同类型的患者设置不同的价格。然后，就让市场来发挥作用吧。

无论你是否喜欢这项计划，我此处的重点并不在于强调它的优点，而在于说明斯卡利亚大法官和他的小组成员的思维模式。他们先对结论做出假设，即在这种情况下，只有管理员才能分配资源，然后在细节上吹毛求疵。所有人都成了有害的文化偏见的奴隶，这种偏见让美国人认为，任何重要的社会问题都必须用市场之外的手段来解决。同时，他们缺乏好奇心，从未想过质疑这一点。

在这个例子的基础上，我想进一步拓展，解释拒绝质疑根深蒂固的文化偏见是如何导致对公共政策的错误分析的。让我们谈谈最低工资。

反对最低工资标准的常见理由如下：（1）最低工资导致非熟练工人失业；（2）因此，最低工资恰恰伤害了它本意想要帮助的人；（3）因此，最低工资是坏事。下面我将逐个审视这些论点，并关注其中的文化偏见和未经检验的假设。

首先，我相信最低工资确实会导致大量失业。尽管一群普林斯顿大学（Princeton University）的经济学家在1994年进行的一系列研究对此事提出了一些疑问，我仍然坚持我的观点。他们最被广泛引用的研究，调查了美国新泽西州快餐店在最低工资上涨前后（1990年到1991年之间）的情况，未发现最低工资上涨与就业率的相关性。

该研究的批评者提出了一些反对意见。例如，普林斯顿大学的经济学家并未质疑他们电话采访雇主收集到的数据的可靠性。后来，其他研究员检查了实际的工资单记录，发现雇主在电话中所说的与实际记录存在重大差异。

除此之外，普林斯顿小组还受到了诸多批评。该小组作出了一些回应，不过这些回应继而又有一些反响。这一研究确实有价值，可以从中学到很多，但并不能因此掩盖更重要的一点，即每一本普通的经济学教科书都会提出大量确凿的理由让读者相信，提高最低工资标准会减少就业，而且没有一项单一研究可以推翻这一完善的理论和证据体系。但这并不是说进一步研究没有意义——有一天可能会有足够多的研究（类似普林斯顿小组所做的）让人们重新评估最低工资标准上涨对就业的影响。仅凭新泽西州的单一事件并不能让我们全盘否定已知的关于最低工资标准的信息，这就像看到氦气球飞上天空并不能让我们否定万有引力定律。

第二个论据表示，最低工资扼杀了就业机会，这对工人来说肯定是坏事。这种逻辑太跳跃了。别忘了，我们讨论的恰恰是领取最低工资的工作。有时较之失去一份糟糕的工作，保住这份工作可能更糟糕；与此同时，许多领取最低工资的工人确实能设法保住工作，并且可能对最低工资心存感激。

正确的思想实验是设身处地站在这些工人的立场上，问问自己是否愿意看到最低工资上涨。例如，假设10%的加薪意味着10%的失业概率，你可能会觉得这场赌博还不错。十有八九你会赢，如果输了，你失去的也只是一份糟糕的工作。

如果领取最低工资的工人理解这种概率问题，他们就可能会也可能不会接受提高最低工资。一名合格的经济学研究生只要稍加努力，掌握关于概率的真实数据，并根据已知的赌博意愿进行推断，就可能以某种方式提出一个非常有说服力的论据。无论如何，当保守派假装最低工资"伤害了它本意想要帮助的人"时，他们（也许无意）是虚伪的。

这削弱了第二个论据的说服力，并让人很难推断出最低工资是件坏事的结论。如果我们要得出这个结论，那么论证方法完全不同。

找到这种论证方法并不难。假设你是一名小企业家，拥有10名全职工人，支付他们最低工资。那么，每当每小时最低工资标准上涨50美分，就意味着你每年要多花费1万多美元。这与增加1万多美元的税收无异，而且你并不会因此得到新的政务服务。

对于一小部分人（企业家）而言，提高最低工资标准等同于大幅增税，这笔税金将以福利的形式支付给员工。武断的税收和支出计划会让选民退缩，当它被伪装成提高最低工资标准时，即使在共和党控制的国会也能顺利通过。

根据市场情况，企业家最终可能会提高产品价格，将部分增税转嫁给客户[1]，甚至转嫁的数额有可能超过了增税额（虽然这不太可能发生），这种情况下，企业家才是最低工资标准上涨的真正受益者（经济学学生的练习：确定这种不太可能发生的情况发生的确切条件）。但这并没有减少税的任意性和繁重，这仅仅意味着另一小部分人——客户——要支付一部分任意而繁重的税。

从这些观察来看，我们有充分的理由反对提高最低工资标准。保守派对这些强有力的论据避而不谈，反而更倾向于支持提高最低工资标准，将自己伪装成工人阶级的捍卫者。这种做法实则伤害了工人，其产生源于有害的文化偏见——这种文化偏见认为，捍卫工人假想利益的人，比捍卫消费者和企业家真实且合法利益的人更富有同情心。

我希望，保守主义能在秉持原则的同时得到大众的支

---

1 企业家不能选择提价的比重，因为他们受制于他们无法控制的条件。如果吃快餐的顾客可以轻松地转向冷冻晚餐，那么快餐价格就不会上涨太多。——作者注

持。这种保守主义捍卫所有被压迫者，包括那些被挑出来承担政府负担的人。持有这种保守主义思想的人能够认识到并公开表示，让一小群美国人为整个宏观经济的收入再分配买单并不公平。他们也会毫无歉意地坚持，如果想要向低薪工人施舍，那么政府应该明确承认这一意图，并通过有广泛基础的、更公平的税制，为其提供资金。

为此，保守派需要在态度上进行实质性的变革，这种变革犹如打破19世纪时期将观看公开处刑作为家庭野餐的好时机那样。新的变革针对的是20世纪的观念，即认为获得平等的税收待遇取决于职业、收入或者社会地位，并且这个权利会在你决定创业的那一天消失。

这场变革改变的将是所有诉诸"普通人"利益的政治言论，这些言论听起来就好像"普通"是人们拥有合法利益的先决条件，或者说，就好像我们要更关心"普通"的陌生人，而不是那些"不普通"的陌生人。这种偏见在我们的政治文化中根深蒂固，以至于我们常常忽视它们的丑陋之处。在最光明的未来，这种偏见会像野餐时的刽子手一样不再被接受。

当凯莉开始在当地改革派犹太教堂参加主日学校时，我注意到有个班级需要写一篇文章，开头是"为了更像上帝，我会"。公告栏里张贴了一些佳作，它们的开头都是"为了更像上帝，我会废物利用"或"为了更像上帝，我会善待动物"。

我希望凯莉班里也能布置相同的作业，于是我和她谈了谈要写什么。我建议她写"为了更像上帝，我会杀死敌人的长子"，但这并没有引起凯莉的共鸣。于是我们花了点时间修改，最后想出"为了更像上帝，我将尝试实现对整个宇宙的统治"。顺便提一下，这是一座非常典型的改革派犹太教堂，走廊墙上展示着五年级学生的"大屠杀纪念艺术项目"，公告栏上面和下面都贴着横幅，写着"纳粹糟透了"。对此，我挑不出错误。

认知的自满是一种疾病，陈词滥调是载体，而不仅是预防这种疾病的疫苗。我希望一个从小就学着嘲笑上帝的孩子会自然而然地嘲笑知识分子、政治家、教师、法官、记者，甚至是经济学家——因为这些人的文化偶像让他们丧失了质疑的能力。

当然，光有不敬是不够的。看穿一个错误的知识结构只是第一步，人们要历尽艰辛，才能用新的知识结构取代错误的知识结构。我想让我的女儿知道，为拓展人类知识的边界而努力很光荣，她肯定可以为此做出贡献，而第一步，就是让一个人的思想摆脱阻碍质疑的文化偏见。

第七章
公平（一）：祖父谬误

毫无疑问，自由贸易对大多数美国人来说是好事，但对某些美国人来说不尽然。因此，对于具备经济学知识的自由主义者来说，他们的党派观点可能是："自由贸易好处巨大，不容错过，至少受益者应该与受害者分享利益。"

因此，《北美自由贸易协议》（NAFTA）通过后，迈克尔·金斯利在《新共和国》（*The New Republic*）中写道，"当一个时薪16美元的美国人被时薪3美元的墨西哥人夺走工作时"，出于公平和政治考量，他的损失应该得到补偿。

出于政治考量，金斯利是正确的，如果出于公平考量，他就错了。假设一个美国人把一件3美元就能买到的物品以16美元的售价卖出，那么为了实现公平，他和其他保护主义的受益者就应该补偿那些承受负担的大多数同胞。

我和迈克尔·金斯利一样对公平的探索充满激情，因此我建议，每个因NAFTA和其他自由贸易协定失去工作而被视为社会寄生虫的美国人，都应该被美国财政部没收部分财产，由此所得的款项将用于资助一般性减税。

保护主义允许时薪16美元的工人通过一种完全合法但完全不公平的设计来剥削消费者，因此，它就像奴隶制合法化一样可恶，尽管程度不同。当奴隶制被废除时，怎样做才意味着公平？金斯利提案的逻辑是补偿前奴隶主，而我的逻辑是补偿前奴隶。

金斯利的观点并非没有先例。在18世纪后期美国北方各州废除奴隶制时，人们普遍认为，奴隶应该赔偿他们主人的损失，这是公平的。

经过了70年的光景，美国南北战争爆发之后，南方各州的前奴隶主没有任何得到赔偿的可能性了。一部分是因为他们遭受了毁灭性的军事失败，无法有效地提出要求；另一部分是因为整个民族的道德意识在不断发展，奴隶制普遍被认为是错误的，人们没必要为不公平和剥削性的利润损失提供赔偿。[1]

如今，我们的道德意识有了更进一步的发展。在文明社会中，有人认为即使是那些祖先从未从奴隶制中受益的白人，也应该将收入转移给祖先因奴隶制而遭受苦难的黑人，但没有一个理性的人会建议，现代社会的黑人将收入转移给

---

[1] 在担任总统初期，林肯赞成有偿解放奴隶，但这是出于政治实际考量而非道德考量。即使支持赔偿奴隶主，他也没有提议让奴隶为此买单。——作者注

祖先在1863年失去奴隶的白人。如果你在鸡尾酒会上提出这个建议,你可能就再也收不到邀请函了。

相比之下,如果酒会上另一位嘉宾提倡用公共财政资助再就业培训计划,他并不会遭到羞辱。尽管《关税及贸易总协定》(GATT)和NAFTA将长期受苦的消费者从保护主义的束缚中部分解放了出来,这种再培训计划还是需要消费者继续支持那些一直在"剥削"他们的失业工人。

如果下次你的同伴流露出对失业工人的同情,你可以试着问他,是否应该为南北战争后的种植园主提供再就业培训计划,以及这样的计划是否应该由刚被解放的奴隶买单。如果他表现出震惊,那你就可以问他,为什么一个年薪18000美元的出租车司机要终身支付虚高的价格,来维持工资是他两倍的制造业工人的工作,且付出的比奴隶还要多。

派对上客人的偏见,反映了对消费者的蔑视,这种蔑视足以让美国副总统失去理智。在与罗斯·佩罗的激烈辩论中,阿尔·戈尔(Al Gore)为NAFTA辩护时,完全不敢提及"消费者"这个词。相反,他以反驳罗斯·佩罗的观点为主,(难以置信地)争辩说自由贸易可以使佩罗试图保护的行业中的工人受益。戈尔的话不禁让我想到了18世纪胆小的废奴主义者,他们不愿公开捍卫自己的事业,于是小心翼翼地反对奴隶制,宣称自由劳动制度更有利于种植园主。在那场辩论中，戈尔本可以主张消费者的权利，但他完全错失了这个机会。

此处需要提醒金斯利或者戈尔的支持者们，市场的目的是促进消费，生产只是达到目的的手段，生产者是为了服务消费者。在市场中，生产者的盈利动机通常对消费者有利，应该受到鼓励。但是，当生产者脱离市场，致力于自己的目标时——比如当他们游说政府保护他们避免外国竞争时，或者当他们要求把别国的"进贡"作为贸易繁荣的条件时——他们并不为社会服务，也不应该得到任何回报。

房产重新评估使我的财产税增加了40%，我的邻居却不用额外多交税，于是我对这种不公发表了一些欠考虑的言论。"你是对的，"我的邻居同意道，"这不公平。显然，你在过去15年里一直少付了你的份额。你应该向我们镇捐一大笔钱来弥补。"

撇开税务负担是否应该与房产价值相关这个更大的问题不谈，我不得不同意邻居的看法——现状没有什么本质上是公平的，变革也没有什么本质上是不公平的。

我们将其称为"祖父谬误"：关于公平的言论（非常错误地）倾向于"不受限制的"特殊特权，例如我房子之前的低估值，或者工会工人获得保护避免与外国竞争。即使这些特权一开始是不公平的，但由于它们长期存在，于是被视为道德权利。这是惯性产生的根源，因为这意味着任何纠正这种不公平的尝试最终都会被攻击为不公平。按照祖父谬误，我的房屋的评估永远不会上涨，工会工人的工资也永远不会下降。

道德问题在校园里总是表现得最为明显。当一个校园恶霸勒索同学的午餐钱被抓到并被勒令改过自新时，我们并不担心这样做不公平。哪怕是恶霸的亲祖父，也不会为这种校园版的祖父谬误辩护。

不会有人认为，霸凌者是被误导才相信他自己可以永远统治校园，而且他就是基于这种误导不断培养自己的威慑力。如果他知道自己有一天将无法统治校园，可能就会选择培养自己的社交能力，因此他既不该受到责备，也不必承担赔偿受害者的义务。但是，如果这名恶霸不是在学校里而是在制造工厂里，并被赋予投票权，那么政客将纷纷跳出来，用祖父般的爱"扼杀"他。

我提倡"零基预算"式的公平。零基预算是一种企业管理方法，要求每个部门每年从头开始证明其所有支出的合理性；传统预算则假设每个部门的预算与去年的预算非常相似。与祖父谬误的情况一样，传统预算将现状作为一个自然的起点。

零基预算意味着，政策是否公平不取决于是否增加一个人的机会或减少另一个人的机会，而是取决于是否符合某些绝对的道德标准。我们可能无法就道德标准达成一致，但解决我们分歧的尝试应该比"我有权获得我的农业补贴，因为从我记事起它就一直存在"更具启发性。

以牺牲最贫困的受益者为代价来改革福利制度公平吗？这个问题本身就是错误的。"公平"的概念并不适用于福利的变化，而是适用于福利的水平。传统的方法让我们思考福利是应该增加还是减少。零基预算的方法需要我们直接回答：什么是正确的福利水平？其答案应该是一个数字，而不是"少"或"多"这样的词。

"福利的正确水平是多少？"这个问题很难回答，但是，攻击所有的福利削减都不道德，就等同于认为这个关键问题不值一问。不假思索地反对所有福利削减，无非是在捍卫现状。

因为某些东西是好的，所以我们就应该拥有更多，这样的说法大错特错。人们之所以这么想，可能是因为某些东西很好，所以我们应该拥有很多（当然，除非它非常昂贵）。但"很多"和"更多"并不是同一个意思。即使你对某些东西青睐有加，也总会过犹不及。

因此，当有人告诉你政府应该在福利（或艾滋病研究、学生贷款、战略导弹防御）上投入更多资金时，有一个问题能够测试他是否陷入了祖父谬误，问他政府目前在该领域花了多少钱。如果他不知道现在的支出水平，又怎么可能知道目前政府的福利支出是太低了还是太高了。

在租金控制、失业救济和反托拉斯政策等各种问题上，人们经常缺乏基于零基预算的推理，从而让祖父谬误有机可乘。纽约的政客们谈到了"逐步取消"租金控制，以便租户逐渐适应市场规则。但是，如果租金控制一开始就允许租户以不公平的方式发展，那么只要该制度存续，就无法实现公平。如果要实现公平，就应该立刻废除该制度。即便如此，租户也应该感谢我们没有追着他们要欠租，因为从道德上讲，他们实际支付的金额少于公平市场价值。逐步取消租金控制就像要求偷车贼每天将偷来的车辆少开几千米。

主张逐步取消控制的人可能会回答说，他们的动机不是出于公平而是出于实用主义——这似乎在政治上说得通。在我看来，这些关于公平与实用主义的讨论总是被祖父谬误搞得一团糟。以失业福利补贴为例，我厌倦了听到人们说"公平"要求高福利，而"实用主义"对福利额设定了上限。事实恰恰相反，实用主义——屈服于政治压力——是我们获得高福利的首要原因；现代美国政治最"伟大"的投降主义者乔治·布什多次提出这些福利。完全取消补贴将是实用主义和公平达成的妥协，纯粹的公平甚至会要求那些自己在吃饭而邻居在工作的人提供赔偿。

祖父谬误的一个极端形式已经影响到反垄断法领域，一些公司因为并购可能导致更高的价格（对消费者不利）而被禁止并购，而有些公司则因为并购可能带来更低的价格（对竞争生产者不利）也被禁止并购。总的来说，反垄断法认为，价格不得改变，市场应陷入瘫痪以保持现状——这就是祖父谬误的本质。

在税收政策方面，祖父谬误尤为隐蔽。1990年，国会民主党人辩称，为了促进公平，最高边际税率应为31%。他们成功做到了；于是在1993年，他们又说，为了促进公平，最高边际税率应为39.6%。在此期间发生了什么变化？为了实现真正的公平，我们要做的是让累进税支持者们一次性告诉我们，他们心目中公平的税收计划到底是多少，而不是让他们每三年改一次主意。

共和党人的态度也前后不一。1990年，纽特·金里奇（Newt Gingrich）告诉我们，他更支持里根（Reagan）的税法而不是布什的税法；1993年他又告诉我们，他更偏好布什的税法而不是克林顿的；到1995年共和党接管国会时，金里奇显然又改了主意——他没有采取任何行动要求退回到布什之前或克林顿之前的税收计划。1995年的情况确实已经变了，但绝对是非标准想必和1990年并没有什么不同。

事实上，如果布什和克林顿的增税真的像许多共和党人曾经声称的那样不公平，他们不仅应该努力将其废除，而且应该让减税政策回归到1990年。同时，如果民主党真的相信富人在整个20世纪80年代缴税不足，就应该将增税政策回归到1979年。

我希望每个人都致力于实现税制公平，并始终如一地捍卫这一愿景。事实上，我要树立一个好榜样。我认为，如果一个人为基本相似的政府服务支付的费用比另一个人多，那么税制就是不公平的。这意味着"平税"具有欺骗性，这种税制下，每个人都按其收入的相同百分比纳税（而不是每个人支付相同的金额，正如"平"一词暗示的那样）。这种"平税"几乎可以肯定是过于累进而不公平的。因此，我愿意接受有上限的平税，这样就没有人会支付超过平均值五倍的税了。

如果你对公平的看法与此不同，没有关系，告诉我你的看法，但是不要成为祖父谬误的牺牲品并告诉我：税法的"累进性"永远不够，学术诚实要求我们保持"一致性"。

第八章

公平（二）：对称原则

诺姆·乔姆斯基（Noam Chomsky）说，孩子们天生就懂通用语法规则。根据他的说法，孩子会把这些普遍的规则转化为特定语言的规则来学习说话。虽然其他语言学家可能不一定认同这一理论，但我认为这很有意义。例如，我相信每个婴儿的大脑都包含"这不公平！"的某种通用版本，只是需要被翻译成父母可以理解的语言。

孩子们在看到不公平时就知道"这不公平！"，并且有办法引起家长的注意。相比之下，经济学家认为公平和不公平之间微妙且难以捉摸，难以定义和识别。

因此，经济学有个子领域叫作"议价博弈理论"（Axiomatic Bargaining Theory），该领域致力于研究什么是公平。其研究策略大致如下：首先提出公平的精确正式定义（通常用数学语言描述），然后构造高度公式化的场景（"假设杰克有两个苹果和三个橙子，而吉尔有三个苹果和两个橙子……"），并根据先前下的正式定义，判断该场景是否公平；接下来，尝试衡量这些判断是否和我们成长过程中直觉性的公平观念吻合；最后，用不同的精确正式定义重复验证，确认是否存在更优。

如果蹒跚学步的孩子能学会公平这门语言，他们一定更擅长"议价博弈理论"。这是因为公平的正式定义几乎总是根据对称原则（the principle of symmetry）分配核心角色，即处于类似情况下的人应该得到类似的对待。正是这种对称原则，让孩子们在别人得到更大的蛋糕时大喊大叫。

儿童和经济学家都迷恋公平，这种迷恋在正常成年人身上显得反常。迷恋能够孕育哲学——童年时代天真的哲学和经济学期刊中复杂的哲学。出人意料的是，天真的孩子和老练的经济学家竟然在"公平主要与对称有关"这个基本观点上达成了一致。

随着我们长大成人（这里的成年人并不包括经济学家），我们对公平的态度至少有两种演变方式。我们首先发现的是，公平并不是唯一重要的事情。例如，让生病的孩子待在家里错过棒球比赛是不公平的，但仍不失为好主意。

接着，我们完全明白了公平必须经常让位于效率或私利。孩子判断蛋糕的大小，哭着说："这不公平！"家长则平静地问道："你凭什么认为我在努力做到公平？"

认识到生活中有比公平更重要的东西，无疑是健康成熟的标志。随着我们逐渐成熟，我们会对公平产生更加复杂的思考，但这也让我们容易忽视对称原则。

举一个经济学家非常喜欢的典型例子。玛丽有一套闲置的公寓，而乔正在寻找住处。如果乔不喜欢玛丽的种族、宗教或生活方式，他可以自由地到别处租房；如果玛丽不喜欢乔的种族、宗教信仰或生活方式，法律却要求她忍气吞声，将公寓租给乔。

再举一个例子。伯特想聘请一名办公室经理，而厄尼想成为一名办公室经理。法律允许厄尼以任何理由拒绝任何工作——如果他不喜欢阿尔巴尼亚人，他就不必为他们工作；但法律对伯特有更高的要求，如果他公然歧视阿尔巴尼亚人，他最好找一个业务能力特别好的律师。

这些不对称的情况违背了公平最基本的要求——人们应该受到平等的对待，从某种意义上来说，人们的权利和责任不应因无关的外部环境而改变。玛丽和乔或者伯特和厄尼，都希望达成某种商业关系。为什么反歧视法要求他们承担不对称的职责呢？

当法律如此明显地不对称时，人们不得不怀疑立法机关的真正动机不是打击种族歧视，而是助长社会地位歧视。对雇主和房东的标准高于雇员和租户，立法者暴露了他们对雇主和房东的潜在敌意。

我们已经听到了很多关于反向歧视的说法（我甚至怀疑

已经过多了，因为没有人对这个话题有任何新的看法了）。这种说法认为，法律对黑人和白人的区别对待是不公平的。但我们很少听到横向歧视，即法律不公平地区分房东和租户。

我把有着不同肤色的房东和租户填入以下表格：

黑人房东	黑人租户
白人房东	白人租户

反向歧视意味着权利取决于种族（即你是在上面一行还是在下面一行），横向歧视意味着权利取决于社会地位（即你是在左列还是右列）。

有两个理由可以解释，为什么我们要关注横向歧视。一是原则性的：不对称的负担是不公平的。二是实际意义的：今天限制邻居自由的制度，明天可能会扩展到限制我们自己的自由。今天当局指导玛丽如何选择租户，明天他们就可以指导乔如何选择公寓；今天他们指导伯特如何选择办公室经理，明天他们就可以指导厄尼如何选择工作——如果厄尼拒绝黑人雇主提供的工作机会，他就必须证明这一决定和种族无关。

不仅如此，如果将平权运动[1]的诸多原则一以贯之，它们最终将支配住房市场、就业市场及婚姻市场的各个方面。在那个超现实的未来，选择恋人时考虑种族将是违法的；司法部统计人员将仔细检查你的约会模式，以确保你的约会对象来自不同种族；当你决定结婚时，你必须证明你所选的配偶在客观上比其他任何人更合格。一旦实施，这些原则将涵盖性别和种族。举个例子，如果一名男子和一名阅历更丰富的女子同时出现，玛丽会因为嫁给了这名男子而被起诉。

如果你觉得这令人难以置信，请记住，目前的平权运动的形式同样令人难以置信。如果这听起来像噩梦，请记住，这对玛丽和伯特来说已经噩梦成真了。

我想反思一下，为什么这样的噩梦看起来令人难以置信且荒诞？这种情况似乎不太可能发生，因为我们可以预料到，如果租户（或雇员、恋人）要被迫遵守与房东相同的标准，他们一定会投出反对票。当针对少数人（如房东）时，横向歧视最为成功。换句话说，大多数人不会反思生活中的横向歧视，因为他们认为这事不关己。

类似的事之前就发生过。牧师马丁·尼莫勒（Martin

---

[1] 平权运动（affirmative action），又称"积极平权措施"或"平权法案"，是指防止对"肤色、宗教、性别或民族出身"等少数群体或弱势群体歧视的手段。美国政府自20世纪60年代起推行该政策，给予上述群体优待，以纠正历史上与之相关的明显歧视。——译者注

Niemoller）在纳粹集中营里度过了八年半之后，写下了这些话：

> 起初，他们追杀共产主义者，我不是共产主义者，我不说话。接着，他们追杀犹太人，我不是犹太人，我不说话。后来，他们追杀工会成员，我不是工会成员，我不说话。此后，他们追杀天主教教徒，我是新教徒，我不说话。最后，他们奔我而来，再也没有人站出来为我说话了。

房东玛丽很可能每天都感谢上帝，让她不必生活在尼莫勒牧师的时代，但她又和牧师所说的那些人有很多共同点：她的同胞大多对她的自由被剥夺或视而不见或漠不关心。像乔一样的普通人也很少意识到，玛丽被剥夺的权利在他看来是理所当然的，也许因为乔不是房东。

为什么我们不愿将平权运动的负担强加给乔这样的租户或厄尼这样的求职者？我想这是因为我们认识到，乔和厄尼有权按照他们的价值观生活。即使他们是出于不宽容或偏执的动机，如果我们不允许他们以我们不喜欢的方式行使权利，那么我们就不是真正地尊重这项权利。如果乔和厄尼有这个权利，那么玛丽也应该有。如果玛丽被剥夺了她的权利,那么乔和厄尼就有责任为她发声。

直言不讳地说,平权运动被认为对白人男性求职者不公平,对实则无辜但被推定有歧视罪的雇主不公平,甚至对其目标受益人也不公平。这样说不一定正确,但不妨碍我要提出的问题:我认为平权运动对偏执者不公平,即使是偏执者,也有权得到公平对待。

你我都不赞成偏执,但是宽容的个人美德和多元主义的公共美德要求我们支持我们不赞成的事情。宽容意味着接受别人的价值观可能与你自己的价值观截然不同,多元主义意味着避免使用政治权力"纠正"这些价值观。

容忍不宽容听起来自相矛盾,但其他许多好的想法也是如此,如捍卫审查制度倡导者的言论自由。事实上,言论自由与宽容有很多共同点:除非它同时适用于我们赞扬的人和那些发自内心冒犯我们的人,否则它是没有意义的。

宽容是高尚的,这就是为什么我们应该教孩子宽容。多元主义是防止暴政的保障,这就是为什么我们应该要求政府做到多元主义。为最受轻视的少数群体发声在道义上是正确的,在政治上也是明智的。

为了避免你认为不宽容只会针对极不讨人喜欢的少数群体(如偏执狂),请重读尼莫勒牧师的话。

如果杂货店的生菜卖得很贵，买东西的人会诅咒杂货商，但他们不会诅咒不向他们出售生菜的朋友和邻居；他们也不会再开一家自己的杂货店，并以更低的价格售卖产品。人们总是宽于律己，自己不付出却要求他人做更多。

怨恨杂货商却不责备其他未能为你提供廉价生菜的人，这种矛盾相对无害，同样的道德矛盾也会出现在其他地方，而且并不总是那么温和。每隔半年左右，美国就会有新闻报道一些社区因自然灾害而面临资源匮乏，奸商对水收取每加仑（约3.8升）7美元的费用，或者对其他关键必需品制定离谱的价格。新闻主播和政客常常对此不满，但我从未见过他们以每加仑7美元或其他价格用卡车为那些社区运水。如果奸商有义务以低于每加仑7美元的价格出售水，那么新闻主播为什么不这样做？

还有一个更阴暗的例子。《纽约时报》（New York Times）刊登过一篇讣告，称某个人是"公民自由和同性恋公民权利的发言人和游说者"。这里所说的一般性的公民自由和特殊的同性恋公民权利是相互矛盾的，因为"同性恋公民权利"这种说法披上了委婉的外衣，实际上限制了那些不管出于什么原因都不愿与同性恋做生意的公民的自由。

显然，《纽约时报》的讣告作者深信奥威尔式（Orwellian）的观念，即任何拒绝向你出租公寓的人都在侵犯你的公民自由。那是不对的。如果为你提供公寓是一种道德义务,那么你几乎所有的邻居都违反了这一义务——他们都不愿意租给你一套公寓。

假设玛丽盖了一栋公寓楼并拒绝租给你,她的做法也会有一点点的好处:她招到租户,意味着其他住宅出现空置,她拒绝租给你,就能够些微减轻房地产市场的压力。请再对比我可以给你带来的好处:我没有涉足房地产的计划,我和玛丽一样不会把房子租给你;我甚至不会获得任何可以租给你的财产。根据法律(和《纽约时报》),玛丽对你造成了一些积极的伤害,而我是完全无辜的。这太疯狂了。

仅仅因为玛丽盖了一栋公寓楼,她就比我更有义务把房子租给你吗?如果真的存在某种道德责任,它一定是普遍适用的——要么所有人都必须履行,要么所有人都不必履行。因此,当法律执行存在不对称时,它一定缺乏道德基础。

同样的道理,假设你因为坐轮椅而无法到达你最喜欢的商场的三楼,那么根据法律,商场业主可以被要求安装电梯。但这种法律并不存在道德意义,因为它要求商场业主(一个完全陌生的人)帮你克服你的障碍,并允许我(另一个完全陌生的人)完全忽视你的困难。我和商场业主对你的问题同样漠不关心,为什么要让他承担解决这些问题的全部费用,而我继续享受?

换句话说，商场业主建造商场并没有对你造成特别的伤害。确实，你不能到三楼，但事实是，如果他不建这个商场，你就没有第三层楼可去。建造商场不会伤害你，那为什么建完商场之后，业主却会产生帮你的义务？在没有不公的前提下，电梯不能被视为对不公的补救。

你可能想反驳说，商场的存在减少了你能得到的好处，因为你的邻居可以享受商场的便利而你被拒绝在外。但这种反驳基于的立场是：除非你也能体验到好处，否则你不希望好处落在他人身上。用这种观点看待世界的任何一个改进都是十分狭隘的——更极端一点，持有这种观点的人会要求他人在做任何有益的事情时都补偿自己。

举一个密切相关的例子：小企业主必须雇用残疾人。如果基于某种道德义务，或换句话说，如果存在雇用残疾人的道德义务，这意味着所有人都要开办小企业雇用残疾人。相反，法律规定了一些责任，这些责任被强加给某些人（在这个例子中是企业主）而不是其他人，这意味着法律本身也承认，这种责任不存在道德基础。如果打破对称原则，那么所有的道德都会消失殆尽。

"压迫"一词经常出现在政治议题中。和不宽容一样，压迫与不公平密切相关。通常会出现在以下语境里："我们比其他人受到更多压迫，这不公平。"

最好有一个定量的标准，让我们判断对待那些主张的认真程度。我想在此抛砖引玉：你受到的压迫与你的净税额——你支付的美元金额减去你获得的政府服务的美元价值——成正比。

我承认这个衡量方法并不完美，例如它忽略了压迫性监管机构的掠夺，或者要求少数人遵守平权运动，但它能大致估计一个人的同胞对其施加的负担。除了负担，压迫又能包括什么呢？

压迫永远是不宽容的产物。我们把巨大的税收负担加在富人身上，然后自我安慰这没问题，因为富人与你我不同。确实，他们致富的途径不同——有些是因为特别勤奋，有些是因为非凡的运气。如果我们要从这些差异中得出一个结论，认为可以夺走他们的财富——以一种我们绝不会容许孩子在校园里这样做的方式——那就需要一种非人化，而这种非人化正是不宽容的本质。

很久以前，一位美国总统曾提议全面改革医疗系统。该系统由新的政府机构管理，并通过对工资征收累进所得税来提供资金。他的政治对手谴责该系统不仅行不通，而且限制选择，降低医疗质量。这些是事实，但都没有说到点子上，即任何人都不应被迫为他人的医疗付费。

政治家都不敢说出真相，这证明我们对不宽容和压迫有多么无所谓。那些以不讨人喜欢的方式与常人不同的人（如偏执狂），其权利被削弱；而那些以无害的方式与常人不同的人（如房东、雇主或富人），其责任被加强。

权利和责任的本质是必须平等分配，否则就是不道德。因此，必须教导孩子不要惩罚那些与众不同的孩子。到他们成年时，他们应该已经学会了这个道理。

第九章
完美的税

第九章 完美的税

儿童和经济学家一致认为,公平与对称有关。牢记这一点,我从一个寓言开始讲吧。

曼尼(Manny)、莫伊(Moe)和杰克(Jack)每人都拥有10英亩(约合40468.6平方米)的林地。他们都想建造小木屋。曼尼和莫伊是同等成功的伐木工人,而杰克这辈子从来没有挥过斧头,除非得到帮助,否则他将因没有住处而死去。

曼尼、莫伊有义务帮助杰克建造小屋吗?大家各执一词,我不准备偏袒任何一方。相反,我想关注其中的对称性问题。根据上文所述,曼尼是否有可能比莫伊更有义务帮助杰克?当然不。曼尼和莫伊在某些方面是不同的(例如,名字不同),但对于我们目前讨论的问题而言,他们没有任何不同,因此,他们对杰克的义务应该是完全相同的。

现在我再增加一些信息:曼尼在测量了自己的土地面积后,决定在其中5英亩的土地上建造一座拥有15个房间的大房子;莫伊最近重读了《瓦尔登湖》(*Walden*),所以想住一间单人小屋，让自己有更多时间与大自然交流。

增加了这些信息之后，你是否会觉得曼尼比莫伊更有义务帮助杰克？我依然觉得很难这样认为。曼尼和莫伊在住房方面有不同的品味，但这种差异就好比他们的名字不同，并不存在道德意义。因此根据对称原则，他们对杰克的义务相同。[1]

如果曼尼、莫伊和杰克住在美国，他们将受制于完全违反对称原则的税法。由于曼尼比莫伊工作更努力并获得了更多的物质财富，因此前者要为杰克付出更多（当然，我们并不是真的要求曼尼帮杰克造小屋，实际上，美国的税法要求他将自己的部分收入转给杰克，这和帮杰克造小屋在性质上是一样的）。[2]

极具讽刺意味的是，累进税制——对曼尼的要求远远高过对莫伊的要求——经常被描述为基本公平的体现。实际上，情况恰恰相反。

"因为约翰在沙盒里玩而你在秋千上玩，所以他得到更大的蛋糕是公平的。"没人会用这种不合逻辑的话来侮辱一

---

[1] 你可能想说，莫伊的生活方式证明他特别厌恶努力工作，所以让他为杰克工作是残忍的。但你同样可以说，曼尼的生活方式证明他特别喜欢在自己的房子里工作，所以让他为杰克工作也是残忍的。这些论点并不成立，因此莫伊和曼尼承担同等义务。——作者注

[2] 当然，在现实生活中，曼尼并没有真正建造自己的房子。他从事其他工作，并获得了用于购买房屋的工资。——作者注

个小孩子。孩子们明白，如何度过一天与如何切蛋糕无关。但是现在有人告诉曼尼："莫伊在你盖房子的时候采摘了野花，所以他需要缴的税更低，这是公平的。"这对曼尼是一种侮辱。

如果必须拿走钱，拿走便是，不要用这种话来加重对曼尼的打击，就连孩子都不会买账。

谈及税制时，经济学家喜欢说需要平衡公平（从收入再分配的角度）和效率（从激励生产行为的角度）。传统观点认为，累进所得税是公平的（因为它增加了富人的负担）但效率低下（因为它妨碍了工作积极性）；相比之下，纯人头税（例如无论收入多少，每年缴纳3000美元税）被认为是高效但不公平的。

实际上，对每个人收取相同金额的税，从字面来说并非"不公平"（inequitable）。在税收政策领域，"不公平"一词几乎从不意味着字面意思；相反，它的意思是"比讲话者希望分配的更少"［美国的政客用"统一税"（flat tax）[1]一词来描述随收入比例变化的税制，在这种政治氛围

---

[1] flat tax原意固定统一税，是一种统一的税率税，不考虑任何例外、信用或抵扣，按单一税率对总收入额计征。政客用来形容变化的税率明显是错误的。——译者注

中，我们没法指望语言的精确性〕。

我反对公平/效率二分法，因为我不认为常规的收入再分配体现任何公平的概念——对本质上相同的公民施加不同义务，是不公平的。

每个人每天都有二十四小时。你可以用来赚钱，也可以用来享受。如果你花一小时赚钱，制度就会假定你分享给邻居一部分收入是"公平的"；如果你花同样的时间享受休闲，制度却没有规定你必须与任何人分享好处。

如果我花一小时赚1美元，我就必须将其中的1/3奉献给国库；但是你花一小时休闲，却不需要牺牲1/3的时间来做公益，比如捡路边的垃圾。这种根本上的不对称与我们通常认为的公平恰恰相悖。

如果收入差异完全由个人选择造成，那么我认为，人头税显然才是真正意义上的公平。尽管个人选择在很大程度上解释了收入高低，但它并不意味着全部。我挣得比弗兰克·辛纳屈（Frank Sinatra）少的原因并不是我选择在唱歌上花更少的时间；相反，不是我自己的错，而是我生来就没有一副好嗓子。

我们中有些人比其他人更有才能。如果你比邻居更聪明、更强壮或更有志向，那么税收制度是否应该要求你为他的生活做出贡献？

我不确定，但让我分享一下有些人给出肯定回答的原因。我们从一个比喻开始，假设我们来到这个世界上是带着社会义务的。想象一下，在出生之前及在能够预测生活地位之前，我们有可能（自愿地）确保彼此不会位于社会底层。换句话说，想象一下我们写了一份这样的契约：如果我们中的一个天生聪明，另一个天生愚蠢，聪明的人将一半的收入分给愚蠢的人。[1]

在现实世界中执行这些契约是有充分的哲学依据的——尽管我们实际上从来没有写下过这些契约。法院经常强制执行那些诉讼当事人随心所欲制定的契约条款，而经济学家一般都会对法院的这种做法表示赞赏。如果我们执行的是人们忘记写下的契约条款，那么我们为什么不能执行人们因为尚未出生这一不利的事实而无法写的契约呢？

只有知道契约内容才能执行契约，因此问题在于弄清楚未出生的我们会在契约里写下哪些内容条款。对这个问题进行定量分析并不是难事。我们有充分的数据可以显示现实世界中的人才分布情况，因此可以合理衡量上帝分派大

---

[1] 我用"聪明"表示"拥有获得高收入的能力"，而"愚蠢"则相反。如果我能想到一个更好的词来形容"天生拥有获得高收入的能力"，我会用它来代替"聪明"。——作者注

脑时我们面临的风险有多大。我们也有充分的数据显示现实世界中的保险购买情况，因此可以合理衡量人们愿意牺牲多少去避免不同程度的风险。有了这些措施和估算，我的同事雨果·霍本海恩（Hugo Hopenhayn）和詹姆斯·卡恩估计，大约77%最有才华的人应该完全支持其余的人。换句话说，23%的人口应该永久失业并领取福利。[1]

这是一个惊人的数字。如果你认同关于执行契约的观点，那就意味着现实世界的福利应该大幅扩大。事实证明，只需添加一个额外因素，你就可以得到一个同样惊人但方向相反的新数字。

这个额外因素是——根据霍本海恩和卡恩的说法——我们不仅同意让23%的人口享受永久福利，也同意慷慨地支持他们，让他们比77%工作的人更幸福。但是霍本海恩和卡恩的计算没有认识到，这会导致装病——聪明人装傻，这样他们也可以领取福利。整个制度会因此崩溃。

换句话说，这个计划的抑制效应非常大，最终每个人都会饿死。除非存在某个中央机构可以准确评判一个人是否聪明，并让他们停止领取救济金，履行他们隐性的契约，这才

---

[1] 在撰写本文时，霍本海恩和卡恩正在努力将他们的粗略估计纳入更复杂的分析中。该研究项目的结果尚未公布。1996年，詹姆斯·莫里斯（James Mirrlees）因类似的开创性工作而获得诺贝尔奖。——作者注

不是问题。如果人们能隐藏自己的才能，就必须重写原来的契约才能避免祸患。

所以让我们回到出生前，重新谈判。这是一种权衡——我们仍然渴望那张庞大的社会安全网，但我们认识到，支持安全网对劳动者来说是一种负担，我们不希望劳动者在重压下崩溃。为了拯救这个系统，我们必须缩小这张网，但是缩小多少呢？

同样，根据人们在类似的现实世界市场中所做的权衡，我们不难对此做粗略估计。事实证明，在考虑抑制效应后，我们想要支持的失业人口不是23%，而是1%的6/10——换句话说，几乎为零。不仅如此，即使是那些被允许继续领取福利的少数人，现在也只能获得更少的福利。换句话说，我们同意几乎完全废除福利系统。

这是成本和收益的问题。如果我们能以某种方式防止安全网被滥用，那么保护底层23%的人口是值得的。但是，如果存在可预测的滥用（冒充23%的人），那么这张安全网的成本就会过高，以至于我们宁愿放弃，只保护底层微乎其微的人（事实上，甚至只能给予最低限度的支持）。

1%的6/10小得惊人，而23%大得惊人。是否有希望结合这两种极端，形成实用的政策指南呢？

答案是肯定的，但是有限制条件。首先，只有当那些虚构的出生前契约具有实质性的道德意义时,整个系统才有意义。我不确信自己相信这一点,但这似乎是合理的,我愿意为了论证而接受它。其次,我们必须接受霍本海恩和卡恩估算出来的特定数值。这更难,因为霍本海恩和卡恩才刚刚开始思考这些问题,我相信他们的数字会随着思维变得更加成熟而发生变化。但这些是我们目前拥有的最好的估算,说不定最终数字与目前的粗略估计相差无几。因此,让我们谨慎地继续下去。

我的计划是先为再分配税制提供暂定标准,然后设计出满足这些标准的最佳制度,最后考虑结果是否令人满意。

暂定标准如下:

● 标准1　理想情况下,应该根据人的能力由强到弱,展开实质性的再分配。尽管这条标准违反了我所有的直觉,但我还是在标准中暂时包括这一点,因为好的论点比个人直觉更重要。霍本海恩和卡恩恰恰提出了一个很好的论点。

● 标准2　然而,如果再分配具有显著的抑制效应,那么它应该大幅缩减至几乎为零。这与标准1建立在相同的基础上——根据计算,这是我们出生前都会达成的共识。

● 标准3　避免抑制效应产生重要的作用。这与标准

1和标准2符合。如果再分配如此有价值，并且如果我们宁愿牺牲再分配也要避免抑制效应，那么抑制效应一定非常糟糕。

● 标准4　我们不应对实际收入征税，而应对潜在收入征税。换句话说，我们不应该对努力征税，而应该对能力征税。这是效率和公平的共同要求。

效率做此要求，是因为对能力征税是绕过我们试图避免的抑制效应的最便捷途径。对努力工作征税会使人工作得更少，但对智力征税并不会使人变笨（可能会让他们试图表现得更笨，但这并不完全相同）。更普遍的观点是，当税制阻碍经济生产活动时，它是在降低效率，因此，最有效的方法不是对人们的活动征税，而是对恒定的特征征税。如果你的行为不会影响你的税单，那么你的税单也不会影响你的行为。[1]

很凑巧，公平或公正或任何你喜欢的词，强化了效率的要求。还记得曼尼、莫伊和杰克吗？因为杰克不如曼尼和莫伊熟练，所以我愿意接受让曼尼和莫伊帮助杰克建造小屋这样的论点。

1　"效率要求我们对能力（或潜在收入）征税"这个表述有点言过其实。事实上，效率要求的只是我们不对努力（或实际收入）征税，统一的人头税将是非常有效的。——作者注

曼尼和莫伊带着完全相同的技能来到这个世界，如果对其中一个人的要求更高，在道德上是站不住脚的。曼尼选择挣得比莫伊更多，就像莫伊选择比曼尼享受更多闲暇一样。惩罚这两种选择中的任何一种，不仅低效，而且从根本上来说也是不公平的。[1]

● 标准5 个人纳税义务应有一定的合理上限。我个人的直觉性偏好是，任何人都不应被要求支付超过平均纳税额五倍的费用，但我接受任何符合这五条标准的纳税制度。

标准5也是最后一条标准，宣扬了自由的美德，正如前四条标准宣扬了公平和效率的美德。它体现了社会责任是有限度的，无论我们对同胞负有什么责任，我们都不会因为责任负担过重而无法前行。

标准5意味着我在一定程度上违反了标准1背后的精神。最初的想法是，执行我们出生前的契约。我们有充分的理由相信，这些契约包括对能够在市场上取得成功的技能征税。由于成功的潜力是无限的，时不时会诞生一个比尔·盖茨（Bill Gates），所以对个人征收的税额似乎应该是不受限制的。

---

[1] 我确信，公平起见，不能对曼尼赚更多钱的决定征税。我不确定公平是否需要对曼尼和莫伊的技能征税，但霍本海恩和卡恩的论点表明需要。——作者注

但是不要忘记，整个思维练习的基础是，人类的本能是寻求保障以避免坏结果。在同种本能的指引下，我希望确保自己不会设计一个建立在错误之上的税收制度。我对霍本海恩和卡恩的观点半信半疑：一方面，我确实按照他们的观点设立再分配的标准；另一方面，我也想对再分配设置限制。

如果上帝想要根据这五条标准来实施税收制度，他可以轻而易举地做到。上帝知道每个人的收入潜力，并可以相应地为每个人分配一张税单，保障每个人都能付清。

要在地球上复制上帝的税法，就需要领导者拥有超乎我们期待的全知全能。作为凡人，我们没有知识或能力对收入潜力直接征税，我们能做的就是征收理想状态的税。

这意味着我们要对能很好地预测收入能力的特征征税。例如，白人（平均）比黑人挣得多。对收入直接征税，可能会阻碍工作的积极性；但是对白人征税，并不会产生抑制效应，同时能将（平均）收入从相对富有的人手里重新分配给相对贫穷的人。"如果你是白人，每年征收10000美元；如果你是黑人，每年征收5000美元"是一种非常有效（且高累进）的税收。

但是种族和收入潜力之间的相关性非常不完美，比尔·科斯比（Bill Cosby）可以证明这一点。我们可以通过对性别、身高和美貌征税来完善我们的税收系统（仍然达不到完美状态），因为所有这些特征都与收入正相关。

就美貌而言，重要的是只对自然美征税，否则人们会限制在洗发水、化妆品和牙齿护理方面的支出。事实上，如果我们喜欢拥有美丽的邻居，我们可能会补贴美貌而不是对其征税。你不能总是同时追求两个目标——在这种情况下，两个目标分别是收入再分配和增加有吸引力的人口。

如果特征和收入充分相关，那么对特征征税就具有高度再分配性。假设这些特征不可改变，那么这种征税方式就非常高效，没有人会为了避税而浪费资源。在实践中，对特征征税应该是有上限的，一旦缴纳了"白人税""男性税""高个子税"，你就可以自由地赚取收入并免于其他税。

你可能觉得对特征征税激进且没有先例，我并不这么认为。例如，社会保障体系已经对男性征税，因为女性因预期寿命更长而获得更多福利。平权运动近乎是对白人征税，之所以用"近乎"，是因为平权运动不只是从白人到黑人的收入转移，它也妨碍了职位和求职者之间的有效匹配。虽然两者并不完全相同，但并非完全不同。

这是我所知道的支持平权运动的最有力的论证：首先，出生前契约的神圣性决定了将收入从富人转移到穷人的尝试；其次，如果它们是基于实际收入，那么转移对劳动者的抑制效应大得令人无法接受；第三，避免抑制效应是退回到"不完全替代"的充分理由：通过将收入从白人转移到黑人，我们至少可以近似地将收入从富人转移到穷人；第四，直接的"白人税"在政治上行不通，所以我们求助于平权运动间接的"白人税"；第五，我们认识到间接税通过让一些错误的人承担错误的工作而造成效率低下，总的来说，我们更喜欢这些低效率而不是其他选择。

这些论证是我的一位同事在午餐时构建的，并得到了支持，但我认为它们缺乏说服力，甚至有点可悲。我不想罗列一长串反对意见，而是想要致敬这种论证精神，毕竟它尝试在道德第一原则的基础上构建具体的政策分析（尽管在政治可行性方面闪烁其词）。

平权运动不过是一个次要问题，让我们回到收入再分配的话题。理想情况下，我们会根据智力等特征对收入进行再分配，但这行不通，因为假装低智商太容易了。因此，我们退回到根据种族、性别和身高等特征进行再分配的方法。

实际上，这与再分配税能达到的公平程度差不多。它与霍本海恩和卡恩的计算大体一致，并且设法避免了惩罚努力或阻碍其他自由选择。如果特征税不被接受，那么所有这样设计的收入再分配计划都会面临相同的命运。

问题是，如果这种税收完美，那为什么不仅我本人，听我这样描述的所有人都觉得它有点令人反感？我建议读者认真对待这个问题。如果我们能弄清楚为什么这种"完美税"会激怒我们，我们应该会了解对税的一般感受。因此，接下来我们会讨论"完美税"的缺陷。

但是怎么可能有缺陷呢？这种税制的设计理念就是有效率并公平地执行出生前契约。按照通常的效率和公平的双重标准，特征税似乎无懈可击。

但表象是骗人的。下一章，我会论证特征税——以及任何一种税收——在两个方面都会受到的严厉批评。论证概述如下：

第一，效率是祸福参半之事。当政府能有效率地征税时，它们很可能会过度征税。如果征税的权力就是破坏的权力，那么高效征税的权力就是迅速摧毁的权力。

这不仅是反驳特征税的论据，也是反驳一般的再分配税的论据。如果低效的税制成本太高而高效征税在政治上不明智，那么我们可能无法设计出一种大众可以接受的税收制度。

第二，我们尚未完成对公平逻辑的探索。关于出生前契约的道德影响，还有很多需要探讨。霍本海恩和卡恩的论证也存在一些破绽，是否可以据此得出结论，还有待观察。

第十章
完美税的毁灭

第十章 完美税的毁灭

政府的扩张受限于被统治者,但如今的统治者会发现,获得这种同意十分容易。1776年,美国殖民者拿起武器反对的政府,比现在花费我们收入40%的政府温和得多;如果乔治三世提出克林顿医疗保健计划,他的英国臣民想必也会加入美国殖民者的行列。

假使当时的人如今人一般温顺,肯定也会因为某种程度的压迫奋起反抗。一个高效的税收制度——一个不施加抑制效应的制度(如人头税制度)——近乎政府压迫。

高效的税制的问题在于,它无法抑制政府的贪婪。政府如果决定今年从每个人那里拿走1万美元,那么明年就可能拿走2万美元或3万美元,最终有一天我们可能会发现,政府已经拿走了所有。但在无效率的税收制度下,这不可能发生。例如,假设政府将所得税税率提高到100%,我们就都会停止工作,政府将一无所获。因此,政府不得不让我们保留大部分收入。

虽说不论人头税还是所得税,政府都会拿走你的钱,但后者会带来额外的打击——你既失去了钱，也失去了努力工作的希望。政客们之所以不直接夺走更多，是因为他们想要给额外的冲击以缓冲。如果实施人头税，那么这种额外冲击就不存在，这个理由也就不成立了。

因此，不公平的人头税不是那么罪大恶极，高效的人头税也不像吹嘘的那样优点明显——人头税的效率使所有人受到平等的剥削。

任何高效的税制都是如此，包括对种族和性别等特征征税，因此我们要警惕此类税。这也是警惕任何旨在重新分配收入的计划的原因。记住霍本海恩和卡恩的计算：我们想要一张庞大到足以覆盖23%人口的社会安全网，前提是这张网可以有效地构建。如果我们决定牺牲效率以限制政府发展，那么未出生的我们宁愿放弃这张安全网。

简而言之，这是一个悖论：无效税制的成本太高，因为它会招致人们装病；高效税制则太危险，因为它会招致过度课税。

如果我们认为无效税制和高效税制都无法令人满意，或许至少对于收入再分配来说，完全不征税才是唯一的选择。这个论证颇具暗示性，但不是最终结论。我们可能会认为效率的优势大于风险，在这种情况下，我们可以大力推进特征税的征收。或者我们可以拼凑一个折中方案：构建一些不完全有效的特征税变体（缩减安全网），但它们又不会完全无效到导致我们想取消整张安全网。

不幸的是，低效的税收制度本身并不足以阻止暴政。

无论我们如何完善特征税——或任何税收——它总是需要一个税吏。税吏必须被赋予权威，而权威无论在何时何地都是自由的敌人。

我们担心权威可能会打败自由，于是放弃了构建一个高效福利国家的尝试。

在现实世界中，我们也会签订合同，希望它们由完善的机构保障执行，如法院、警察和舆论。如果我们要在出生前就签订社会契约，那我们就必须先创造执行契约的机构，从美国国税局覆盖到美国卫生与公众服务部。如果我们能预测现实中机构扩张和权力集中的趋势，可能一开始就不会签订这些契约。

霍本海恩和卡恩告诉我们，我们会接受收入再分配，但会拒绝再分配与低效率相结合的方案。在此我想表达的是，我们实际得到的方案虽然有些许不同，但同样不具有吸引力：这个方案将再分配和大量中央集权结合。如果可以选择，我不确定是否有人会要这个方案。

对政府过度扩张的合理恐惧，是对一般的再分配持怀疑态度的实际原因。现在让我给你一个原则性的理由来解释，为什么我们要对美国的税制持怀疑态度。

未出生的人肯定不想出生在一个错误的国家，而美国的税制对确保这一点完全没有帮助。它所做的只是把钱分给地球上最幸运的一些人——那些有幸出生在美利坚合众国的人。

最贫穷的美国人拥有的财富和机会，是最贫穷的印度尼西亚人（或普通苏丹人）难以想象的。因此，如果社会保险应该补偿最不幸的人，我们应该将福利发到东帝汶而不是东洛杉矶。我们或许带着某种隐含的帮助穷人的道德义务来到这个世界，如果这种道德义务会因为接受者的国籍而发生变化，那这不仅恶心，而且荒谬。

我通常不会捐款给集中向美国人提供慈善服务的私人慈善机构，因为这些机构的受益人——仅仅因为他们是美国人——按照世界普遍标准而言是富裕的。但美国政府强迫我将大部分收入捐给那些相对富裕的美国人。这并不是在履行某种隐性契约，根据我们在出生前签署的契约，"贫困"的美国人应该向塔吉克斯坦人送出福利，而不是从他的美国同胞那里收取福利。

截至撰写本文时（1997年），比尔·盖茨的净资产约为240亿美元。保守估计，扣除税和通胀，他资产的净回报率为每年3%，这意味着他每天的投资收入约为200万美元。除非盖茨想把巨额财产遗赠出去或在死后带进棺材，否则他应该花掉大部分收入（他仍然可以将所有本金留给继承人，这是一笔相当慷慨的遗赠）。当然，有时候他会觉得过于奢侈，但只要他花的钱少于25万美元，他就可能犯了一个大错误。

我们很难想象，拥有比尔·盖茨一般的巨额财富会是什么感觉，但这对你的子孙后代来说不会那么困难。如果美国的实际人均收入能够以每年1.5%的速度缓慢增长，那么在不到600年的时间里，美国家庭的平均收入将达到每天200万美元（已针对通货膨胀进行了校正）。

更值得注意的是，如果美国能够以韩国过去几十年里的增速发展，那么美国普通家庭的日收入接近200万美元，只需要大约100年。如果美国像韩国一样快速发展，你孙辈的孩子也可以过上像比尔·盖茨一样的生活——除非不满足于平庸，想要生活得更好。

在不久的将来实现并保持韩国的增速似乎不太可能，但在过去200年中，美国和世界其他地区增长率一般是1%~2%。速度很可能还会加快，我们也有充分的理论支持它继续增长。[1]那么，最好的预测是你的后代等待几代以上——但不会超过几十代——将能达到盖茨般的生活水平。

因此，每当塞拉俱乐部[2]阻碍经济发展以保护一些自然美景时，它就是在要求像你我一样的人为了子孙后代能过上像比尔·盖茨一样的生活而牺牲。塞拉俱乐部从相对贫穷的人（我们）那里夺取财富，并给予相对富有的人（我们的继承人）。

根据收入再分配的理念，是那些富有的子孙后代亏欠我们，而不是相反。如果一个隐性的社会契约允许税吏没收盖茨1/3的收入，那么同样的社会契约肯定允许太平洋西北部的伐木工人砍伐巨型红杉。[3]

这是我高度怀疑美国实行的收入再分配制度合理性的另一个原因。那些希望从今天的高收入者那里转移收入，同时又将收入转移给明天的高收入者的人，并没有采用一致的标准。因此，我们有权质疑他们的诚意。

对子孙后代抱有病态担忧的体现，不只体现在对自然资

1　更多信息请参阅第13章。——作者注
2　环保组织塞拉俱乐部（Sierra Club）成立于1892年，是美国最古老和最大的环保组织之一，旨在保护和保存自然资源和野生动物，促进清洁能源，以及应对气候变化。——译者注
3　为了论证，我接受塞拉俱乐部的假设，即它可以准确地预见我们后代更看重的东西。值得一提的是，据我们所知，这些后代可能更愿意继承经济发展的收益，而不是继承红杉。——作者注

源的保护上，也体现在对联邦赤字的歇斯底里上。无论哪里，都有人抱怨国家债务迫使他们以牺牲子孙后代为代价，过上好日子。但我想说，没有人可以强迫你这么做。如果你认为自己的生活过于奢侈，你只需少花点钱，把积蓄留给你的后代。

以下这个简单的计算能够阐述这一道理。如果政府为你减税1000美元，并让你的子孙承担这笔税，假设共计2000美元（其中包括累积利息），那么你就可以将这1000美元存入银行，等子孙纳税时再取出，这笔钱就会增长到2000美元。[1]

担心你现在的生活以牺牲子孙的生活为代价，这种担心是毫无意义的，但你有理由担心别人的生活是以牺牲你子孙的生活为代价的。可能你的邻居被减免1000美元税后，会用这笔钱买一辆汽车，这些制造汽车的钢材原本可能用于制造工厂的大梁，而这家工厂可能会雇用你的子孙。经济学家们对这个故事的可能性存在分歧，但是我们都一致认为，如果你要保护子孙免受国债影响，这基本上是你唯一需要担心的故事。

对以上故事的担忧意味着：要么你认为你的邻居无权靠你的孙辈过上好日子，要么你认为你的邻居拥有这种权利，

---

[1] 有关这一点的详细说明，请参见第15章。——作者注

但你想阻止他行使权利。在第二种情况中,假设你不会太纠结于道德细节,那你一开始就不会读本书。那就只有第一种情况了。如果你认为你的邻居没有权利以牺牲你的孙辈为代价过上好日子,你也必须要相信,你的邻居没有权利以牺牲比尔·盖茨为代价过上好日子。换句话说,苦恼于国债的人无法始终如一地支持对在世的人进行收入再分配。

这就是底线。首先,再分配意味着权力集中。要同时改善这两个问题是不可能的——更高效的税法会使征税者更容易剥削我们。

其次,似乎没有人真正相信再分配背后的哲学理论。如果我们认为自己正在履行出生前的契约,为什么我们不承认大多数美国境外的受益人?如果我们一致认为财富应该从拥有更多的人流向拥有更少的人,为什么会有人支持贸易保护主义者和预算平衡主义者?

尽管如此,我们确实实施了累进所得税制,而且自20世纪80年代以来,它变得越来越"累进"。这种累进如果不是基于人们对再分配始终如一的坚信,那是基于什么呢?

最明显的答案是,这完全类似"强权即公理"或"你已经得到,我们正在夺走"[希拉里·克林顿(Hillary Clinton)在其丈夫执政初期,曾就此发表的臭名昭著的言论]。

这并不能解释许多高收入选民的偏好，他们支持对自己和像他们这样的人征收更高的税。他们在想什么？我一直想问那些人：如果你真的想缴纳更高的税，为什么不主动这么做？财政部会为你自愿多付的款敞开大门。

如果你相信，你和其他像你一样的人有道德义务支付更高的税，那么不缴纳这些税，在道德上等同于盗窃。在这种情况下，争取更严格的税法是有意义的。与此同时，你仍然可以履行自己应尽的义务。否则就是说，你愿意停止偷窃，前提是其他人都停止偷窃。这种立场在逻辑上是站得住脚的，但很不讨人喜欢。

不讨人喜欢，是因为它违反了对称原则。也就是说，它把别人的偷窃行为定义为严重到值得制止的地步，却没有这样定义自己的偷窃行为。这是不对称的，所以是不公平的。

这种不讨人喜欢的逻辑也出现在其他地方。有些人郑重其事地认为，保险公司在道德上有义务在不考虑各种既存病症的情况下承保；同样是这些人，他们货比三家，并从保费更低的保险公司那里购买保险，但是他们不在意这些低价保险可能是因为保险公司排除了很多身患疾病的申请人。

我们是否有道德义务多支付保费，以便高风险人群也能购买保险？如果你认为答案是肯定的，那么可以正确选择自己的保险公司。如果你认为答案是肯定的，同时你又选择那些低价保险公司，那么你就是在传递一种信息，即"是的，我们有道德义务这么做——其他人都应该履行这个义务——但我自己不想履行"。

我想区分两种观点。第一种观点认为，实行宽松的保险标准是一种道义上的义务。据推测，这种义务产生于保险合同——如果在既存病症公布之前遇上，我们就能签署这些合同。这也是我刚刚在批评的观点。

第二种观点认为，实行宽松的保险标准是有实际原因的：我们中的任何一个人都有可能在某一天被诊断出患有疾病后才想要购买保险，我们愿意为此支付更高的保费，以确保自己不会因此丧失投保资格。

想要区分两种观点的不同，就需要假设，如果人们出生前就可以预测所有预先存在的情况，两种观点分别会有什么结果：第一种观点会继续兴盛，第二种观点将消亡。我的批评只适用于那些支持第一种观点的人。

税收政策其实也有类似的区别。一种观点基于道德理由，认为应该进行再分配；这一派中富有的拥护者很难解释为什么自己不自愿提高纳税额。另一种观点则完全从实际出发，为再分配正名，比如"如果我们拒绝施舍穷人，他们的社区就会滋生犯罪或瘟疫"。这一派的支持者能游刃有余地回答我的问题："除非我们大规模地重新分配收入，否则穷人——以及随之而来的社会问题——将永远伴随我们。"萧伯纳（George Bernard Shaw）——有史以来最为雄辩的经济学家（也是最为雄辩的社会学家）如是说：

> 许多富有的女人，虽然她们应该比任何人都更清楚，一个女人天生富有与天生贫穷一样，都无法选择，但她们会对自己的财富感到内疚和羞耻，并陷入一切疑虑中，以缓解她们脆弱的良心。她们通常将社会主义视为造福穷人的慈善事业。这绝不是事实……我们给失业者发放救济金支持他们，不是因为爱他们，而是因为如果我们任由他们挨饿，他们会先打碎我们的窗户，然后抢劫我们的商店，烧毁我们的房屋。

于是他得出了这样的论点：对有生产力的个人征税以支持福利制度，是"公平"的，因为如果没有福利，这些有生产力的人更容易成为盗窃受害者。

但这种逻辑在有些情况下可能会丧失它原本的支持者。比如按照这个逻辑，强迫有魅力的人偶尔提供性帮助是公平的，因为如果没有这样的制度，那些同样有魅力的人更容易成为强奸受害者。有人想提出这样的论点吗？如果你对此不认同，那么就会重新考虑萧伯纳对福利制度辩护的逻辑。

事实上，同样的类比会使福利制度不管是在实际上还是在道德上都站不住脚。如果从本质上说，对那些生来就没法获得体面收入的人给予现金补贴是公平的，那么给予那些生来就没有吸引力的人"性补贴"也是公平的？

拥有吸引配偶的潜力，是一种偶然，和赚钱能力一样与生俱来。我想，如果可以的话，我们会购买某种保险以避免自己在这两次命运彩票中都运气不好。决定容颜和性格的时候，你可能高高兴兴地签了一份契约，这份契约要求有魅力的人假装对毫无魅力的邻居产生兴趣。

我想，现实世界中，大多数人会反感这样的契约。确实，吸引力是运气问题，而运气是分配不均的。如果能够在分配之前就被问这个问题，我们所有人都会希望得到更加公平的分配。用胁迫的办法牺牲更有优势的邻居，从而改善最不幸者的生活，是有可能的。但有没有人想过这种胁迫其实大错特错呢？

也许，我们可以在思考它为什么错了的过程中学到一些东西。

自然赋予了我们生命、才能和尊严。这里"才能"指的是让我们谋生、吸引朋友或伴侣、充分利用成功、走出失败的技能和品质（包括智慧、美貌、毅力），以及抓住机会的眼光。虽然并不是每个人都有相同的才能，但我们都知道，我们的才能属于我们自己。尊严是对拥有的特质的骄傲。

如果我们在出生之前相遇，也许我们会同意分享才能，但这并不意味着要通过强制执行协议纠正出生时的意外。强制执行意味着夺走某些人的财产，并把它给予他人。但这么做会带来附加损害：夺走一个人的财产，意味着你必须损毁他的尊严。

这正是我们不愿强迫性行为的原因，即使是为了履行我们认为每个人可能都已经签署的契约。在现实世界中，我们的尊严取决于我们知道身体属于自己。如果我们被迫执行那些我们从未真正承诺的誓言，这种拥有感就会破灭。同样，我们的尊严取决于我们知道劳动成果属于我们，因为我们的才能才让劳动开花结果。打破这种认识是残酷的，而且从根本上来说就是不公平的。

一切都与对称原则有关。在一种情况下是错误的，那么在类似情况下也一定是错误的。强奸和盗窃都侵犯了我们的尊严，因为它们侵犯了我们的所有权。如果你拒绝其中一件事，就意味着你必须拒绝另一件事。最后，我认为再分配无异于盗窃。这也是我们不允许孩子们在游乐场上强行重新分配玩具的原因。

最后，我想再提一个论点，但我不确定它是否正确——不过，我认为它正确的可能性更大。这个论点和本章的其他论点是独立的。

前几天，一名19岁的聪慧女性告诉我，如果她能在接下来的两年里有无限的收入，她愿意在21岁时死去。我说我不相信，如果收入对她来说如此重要，她会去努力赚钱而不是和我闲聊。她接下来的话让我不寒而栗——她说，她也想这样做，不幸的是，在她居住的地区，机会很少。

机会很少！所以这名年轻女子审视了她周围的世界，发现它本来就是完美的，无须填补，无须改进，无须他人做出贡献。如果我们都像这名年轻女性一样麻木，那我们所有人现在都会住在山洞，而不是房子里。

我不确定要怎样描述这种特质，它有点接近进取心，同时又敏锐地知道自己要做什么，并且有充足的创造力知道要怎样做，以及有一心一意的毅力来坚持完成。这种特质鲜见于那些等待正确时机到来的人，也鲜见于埋头弄清楚他们工作的一亩三分地的人。

技术进步引发经济增长，而技术进步本身是由进取心引起的。如果阿尔伯特·爱因斯坦、托马斯·爱迪生（Thomas Edison）和亨利·福特（Henry Ford）没有出现，人们难以想象今天的世界。可能也会出现其他人实现他们的成就，但我并不怎么相信。

我想，这种堪称一绝的进取心十分罕见，因为聪明绝顶的人也十分罕见。例如在美国职业棒球领域有大联盟、小联盟，很明显，前1000名最佳棒球运动员要远优于后1000名运动员。在一个拥有2.6亿人口（1996年美国人口）的国家里，可能也只能产生这样1000名大联盟成员，占比仅为0.0004%。

现在想象一下，找出前1%的棒球运动员——一个2.6亿人口的国家中最好的260万名运动员——并将他们排除在职业运动之外，这对比赛质量的影响将是灾难性的。

我想，如果在公元1000年的时候，我们找到了在进取心方面排名前1%的人，并禁止他们参与经济活动，那我们现在将仍然生活在中世纪。

如果我的猜测正确，那么像那名年轻朋友一样的人，几乎将所有的繁荣都归功于极少数的科学家、发明家和企业家。在我看来，我们在计算社会义务时，应该算清这笔账。

我想，我们愿意付出更多以获得更多的进取心。通常，我们会因为有些人生来就有更多的进取心，而要求他们缴纳更多的税。这或许违反了隐性契约。如果是这样，且如果隐性契约是收入再分配的基础，那可能累进税法再分配的方向就是错误的。

以下是我希望我的女儿能知道的。

我希望我的女儿能知道：公平不是一切，同时公平也并非一无是处。

我希望我的女儿能知道：从第一性原理出发，深入思考是非之间的区别是有价值的。

我希望我的女儿能知道：经济学家思考问题的方法是有用的。1953年，经济学家约翰·海萨尼（John Harsanyi）发明了一种比喻——将社会义务比喻为履行出生前的契约。1971年，影响深远的哲学家约翰·罗尔斯（John Rawls）在他的《正义论》（*Theory of Justice*）一书中提出了"无知之幕"这一核心观点，设想公民在对自己所拥有的特质一概不知的情况下，签订某种契约。该书自出现以来就影响着人们对正义的哲学探讨，据我所知，在哲学领域，人们并没有想到通过简单的计算，估算这些契约对我们的真正要求。在这方面，我们需要经济学家。

我希望我的女儿能知道：学术和意识形态都是光荣的追求，通常可以同时进行。如果出现冲突，学术更重要。因此，尽管我认为再分配是一种罪恶，尽管我认为自己已经充分反驳了霍本海恩和卡恩计算的最简单化的解释，我也无法否认，这一计算在我心中留下了一个挥之不去的疑问。

我希望我的女儿能知道：令人震惊的类比是对抗虚假陈

词滥调的有力武器。我记得我在上文将性和收入做了类比。另外一个类比,我还不确定要如何用:那些必须依靠没有吸引力的收入来源的人——如体力劳动者——赢得了我们的同情,而那些必须依靠没有吸引力的伴侣的人——例如性从业者——会招致我们的蔑视。也许这意味着,我们至少应该重新考虑对待其中一种人的态度。

我希望她重视进取心,为进取心而奋斗,并对他人的进取心心存感激。

凯莉,要通过你的思想、你的行动或你的才能,让世界变得更美好。切记:永远不要妄图提高他人的税收。

第十一章
责任:你会怪谁

第十一章 责任：你会怪谁

在美国，政府并不总是一股善的力量。例如，日裔美国人在"二战"期间被拘留；毫无防备的公民在20世纪50年代接受了秘密辐射测试；吉姆·克劳法（Jim Crow）[1]统治着南方长达几十年。

这些事件的受害者依法向政府索要赔偿，获得了不同程度的成功。他们诉诸正义的基本原则——犯下错误时，肇事者必须赔偿受害者。

这条原则本身没错，但与上文中的事件并不相关，因为这些特定错误的肇事者无法补偿受害者。20世纪40年代的狱卒和50年代研究辐射的科学家多数早已故去，也没有足够的资金赔偿这些不法行为的受害者。

---

[1] 指19世纪末至20世纪中期，存在于美国特别是南方各州的种族隔离和歧视体系。这个术语来源于嘉年华表演中的一个角色，当时这种表演常常用于描绘对非洲裔美国人的种族刻板印象。吉姆·克劳时期以严格的种族隔离法律为特征，这些法律强制将非洲裔美国人和白人在生活的各个方面分开，包括公共设施、学校、交通、住房和选举等。这些法律旨在维持白人至上主义，否定非洲裔美国人在法律上的公民权利和平等待遇。——译者注

让无辜的第三方赔偿受害人，不符合正义的原则。我个人从来没有扣押过任何人，不管是不是日裔美国人，我甚至不知道如何进行辐射实验。但我和大多数无辜的美国纳税人一样，在"政府"试图弥补过去的伤害时，为这种错误买单。

"政府错了，应该赔钱"说起来容易，实际执行却很荒唐。举个例子，假设约翰在伤害玛丽之后消失了，玛丽让鲍勃对她进行补偿。

你可能会争辩，鲍勃应该为他们国家政府的行为负责，就像比萨店老板要为自己司机的行为负责。但这种类比并不成立。比萨店的老板选择自己的司机和行驶路线，而鲍勃没有选择哪个官员当选或哪个项目实施，这些投票的结果是他人强加给鲍勃的。

侵占别人的劳动成果有利可图，但也常常令人良心难安。这就是为什么19世纪的奴隶主用种族主义的信念来合理化他们对奴隶制的支持，以消除道德疑虑。20世纪的政治家为累进税辩护时采取了类似的策略，他们将累进税的受害者妖魔化为经济掠夺者。

受害者不是从肇事者处寻求补偿，而是从财大气粗的旁观者处寻求补偿时，这些旁观者就会被误认为应对他们并未犯下的罪行承担责任。

例如，人们认为种族歧视补偿（和更普遍意义上的平权运动）是在合法补偿奴隶制的遗留问题。不幸的是，这些补偿成本的主要承担者，是那些祖先在奴隶制被废除很久之后才抵达美国的白人。种族偏好并不能消除奴隶制挥之不去的影响，它们只是将这些影响从无辜的一方转移到无辜的另一方。

我对杜克大学（Duke University）的本科生也说过同样的话。该校的一名学生观察到，对美国黑人的压迫并没有随着奴隶制的结束而结束。他认为，即使是20世纪来到美国的移民家庭，也会（牺牲黑人的利益）从接下来几十年的种族隔离政策和吉姆·克劳时期受益。

对于这名学生的观点，我想谈两点。首先，美国在地理上具有多样化的特征，很难证明纽约下东区的意大利移民是密西西比州种族压迫的受益者。

其次，吉姆·克劳法是种族间贸易壁垒之一（这一点较为间接）。经济学家知道，贸易壁垒通常对双方都不利。拒绝为黑人顾客服务、拒绝光顾黑人企业、拒绝雇用黑人工人或为黑人雇主工作的白人，就像他们的黑人同行一样，也是吉姆·克劳时期的受害者。

持相反观点的人不仅不懂经济学，而且是一名种族主义者。吉姆·克劳时期禁止黑人与白人进行商业往来。难道只有被剥夺与白人贸易的权利是压迫，被剥夺与黑人贸易的权利就不是了？

有人可能会反驳说，吉姆·克劳时期的法律是由白人选民颁布的，因此对白人有利，但这种逻辑需要一种与所有经验都不一致的民主理论。糖补贴、烟草补贴、花生补贴和马海毛补贴，都是美国选民制定的，然而一个人但凡有点理智，就不会相信它们对大多数美国人有利。相反，它们造福的是具有政治影响力的小部分特殊利益集团，使他们几乎可以剥削所有人。

吉姆·克劳时期的问题远不只贸易壁垒，它还涉及不同程度的侮辱——黑人和白人不可使用同一个饮水机，也不可以上同一所学校。毫无疑问，它给黑人带来的负担要比白人大，但这并不表明白人就是受益者，就要补偿黑人。

如果我们在面对这些政治问题时，也能像解决游乐场里的纠纷一样明辨是非，那这个政治争端根本不会出现。在游乐场，如果约翰偷走了玛丽的沙桶，没人会让无辜的鲍勃补偿玛丽。

凯莉不到两岁就开始上托儿所了，我常常从父母观察室的双向玻璃后面观察她。有一次，我稍不注意，凯莉突然倒在地上哭了起来。老师们过来问她怎么了，她却不说话，一直哭。于是老师们询问周围的孩子，但没有得到任何回应，直到一个女孩说"跌倒了"。他们问凯莉："你是不是跌倒了？"凯莉泪流满面地说："一个小男孩把我推倒了。"然后，老师们开始责备附近唯一的男孩艾瑞克（Eric）。听到这里，凯莉定了定神，打断了老师，坚定地纠正道："不是艾瑞克，是欧文（Owen）推倒了我。"

凯莉还不到两岁的时候，就学会了责任应该由正确的人承担这个道理。事实上，虽然艾瑞克和欧文都是男孩子，但并不能让艾瑞克为欧文的行为负责。

虽然这不是特别相关，但我还是想分享这次推倒事件的后续。大约一周之后，我给凯莉读了一本书，书中有个小男孩的照片。于是我问凯莉，你觉得他叫什么名字。凯莉没有回答。"他是丹尼吗？"她弱弱地说："不。""他是艾瑞克吗？"她没有说话。"是欧文吗？"凯莉的脸一下子红了，然后咧嘴笑了起来，大声辩解"不"，然后用力地摇着头。第二天睡觉时，我讲完故事熄灯后，凯莉闭上眼睛睡着了，小声在嘀咕着"欧文"。

当一个孩子伤害另一个孩子的时候，其他孩子不需要受到责备；当一个成年人伤害另一个成年人的时候，至少当前者以政府的名义行事时，其他成年纳税人却要承担纠正错误的费用。

为什么会采取双重标准？采取双重标准合理吗？如果回答"是"，那是有前提条件的。确实存在一个合理的理由，它时而成立。与压迫大多数人相比，压迫少数人更容易逃脱惩罚，因此大多数人必须补偿少数被压迫者。这样做会增加大多数人捍卫少数受压迫者权利的可能性。

这种智慧正是美国宪法第五修正案中"征用条款"的基础。该条款规定，政府不能在不付钱给你的情况下拿走你家门前的草坪，把它变成公园（准确的措辞是"不给予公平赔偿，私有财产不得充作公用"）。

或者更准确地说，由于政府从不支付任何费用，因此无法征用你门前的土地并用以建造公园，除非政府强迫其他纳税人向你付款。乍一看，"征用条款"并未体现任何简单的道德原则，例如"不得偷窃"；相反，"征用条款"的意思是"当可以从数百人那里偷东西时，你不能从一个人那里偷"。

如果从字面意义解释"征用条款"，美国政府的大部分征税都需要被禁止，因为大部分征税（当然还有以再分配为目的的所有征税）都是在没有公正补偿的情况下征用私有财产。传统的（非字面的）解释允许这种征用，同时禁止政府无偿征用某一位土地所有者的土地。如果"征用条款"旨在体现正义或道德的基本原则，那么这种区分是没有依据的。如果"征用条款"是控制政治贪婪的一种实用手段，那么它就非常有意义。不诚实的政客会毫不犹豫地从某位选民那里偷窃；如果一个不诚实的政客被迫在偷窃大多数人还是完全不偷窃中做选择，他可能会出于谨慎而选后者。

基于同样的智慧，我提出一项宪法修正案，建议将每个人的税单上限设定为平均水平的五倍（比如）。因此，如果美国人在2000年平均缴纳10000美元的税，那么该年所有人缴纳的税款都不得超过50000美元。这将迫使政策制定者将新的政府支出项目的负担分摊给大量的纳税人，从而确保政府的扩张受到民众的广泛反对。

政府的权力受限于被统治者的同意，革命的威胁——或者至少是大规模的不满——是一种强大的力量。我们可以通过法律和制度（如"征用条款"或我提议的税收上限修正案）来利用这种力量，让多数人而非少数人资助新的政府项目。相较于10%，政治家可不敢冒险惹恼60%的选民。

对政府不当行为的事后赔偿，可以采取同样的策略。如果今天的选民因为过去的错误而付出了代价，那他们将更加警惕今天可能犯下的错误，以免明天被征税以对错误支付赔偿。同样，在游乐场也可以实施类似的规则：任何一个孩子行为不端时，所有孩子都必须受到惩罚（这一规则在被占领的战区和战俘营中得到充分成功的应用）。该规则可以使孩子们有效监督彼此的行为。如果是基于如上理由，那么这样的策略可能是站得住脚的；如果将其称为公平，那就是谎言。

第十二章
遗赠

第十二章 遗赠

比喻就像魔术一样，借助骗术令人眼花缭乱。请思考这一反复出现的比喻：社会就像大家庭（通常，发言人或他的亲信是一家之主），一个家庭不允许其中一个成员飞黄腾达而另一个挣扎求生，因此，社会也需要更广泛的福利制度或更累进的税法。

请注意其中的修辞技巧。当你还在思考社会是否真的像一个家庭时，我无意中插入了一个完全虚构的"事实"，即在一个家庭中，财富会从富人的口袋转移到穷人的口袋里。之所以说虚构，是因为至少父母在遗嘱中不会这么做。相反，即使有些孩子更富裕，大多数父母也会将财产平分给孩子。[1]遗赠是在你最爱的人之间重新分配收入的最后机会，如果大多数父母拒绝这个机会，那么利用税收系统在陌生人

---

1 家庭内部财富转移的证据比我希望的要少。我知道大约有六项关于遗产分割的研究，其中大多数都发现，至少在拥有大量资产的家庭中，平分是规则。只有一项研究在美国俄亥俄州的低收入家庭中发现了例外，那里存在大量的不平等分配。我想知道，这是不是因为收入规模较低的家庭投入更多精力说服自己，正义需要重新分配？——作者注

之间进行收入再分配，很难体现"家族性"。

用比喻变戏法的"魔术师"可能会说，与父母送给孩子的其他礼物（时间、关注、教育甚至现金）相比，遗赠并不重要。尽管这些礼物有时候分配得相当不均，"魔术师"仍然认为，即使遗赠不是转移支付的首选手段，家庭仍像一个福利国家。

那转移支付的主要手段是什么？是教育吗？让我们考虑一下，你更愿意送谁上大学：是聪明的孩子，还是需要帮助的笨孩子？答案是，即使想要一碗水端平，你还是想让聪明的孩子上大学，发挥教育的最大价值，然后通过遗赠（或其他现金礼物）的方式补偿笨孩子。这个策略将家庭总收入最大化，对你的两个孩子都有益。所以，即使父母真的想让两个孩子的收入均等，也不会借助把笨孩子送到更好的学校来实现。

那么抛开教育，考虑时间和关注呢？我们有充分的理由相信这两者有价值，是因为我们认为小家庭的孩子能得到父母更多的时间和关注，也知道来自小家庭的孩子在学校表现得更好。我们家是一个孩子，和我邻居家的两个孩子相比有很大优势，而我邻居家的两个孩子又比另一个邻居家的三个孩子有优势。

有一种说法认为，长子一般比他的弟弟妹妹更成功。事实上，像我女儿这样的独生子女最成功。由于独生子女经常被算作"长子"，所以对长子成功率的数据会有所夸大，让人们误以为长子更优秀。如果把优秀的独生子都算作幺儿，那么数据会显示幺儿更优秀。

在大家庭中，长子和幺儿在阅读和词汇测试中的表现比他们中间的兄弟姐妹好得多。据推测，这是因为长子和幺儿在成长生涯中有几年会过得像独生子。

独生子的成功表明，时间和关注是宝贵的，也正因为它们的宝贵，父母可能会将其作为再分配的手段，给予天赋较差的孩子更多的时间和关注。但我们也可以质疑这一点。首先，和教育一样，将时间和关注花在最有能力的孩子身上，能发挥最大效用。其次，即使父母想将他们的时间和关注转移到最需要的孩子身上，他们通常也很难坚持下去——长子和幺儿总是会意外获得更多的时间和关注，不论他们是否特别需要。

一般来说，收入再分配的最佳手段不是教育或关注，而是遗赠。理论上，遗赠是收入再分配的最佳手段；实际上，对父母来说，他们很少会用这种方式。我认为，可以得出如下结论：父母并不认为收入再分配非常重要。

对此，人们可能有诸多不同意见。我认为，当人们平分财产时，他们就是在拒绝收入再分配；相反意见认为，父母平分财产意味着接受收入再分配——如果反感再分配,他们会把更多的份额留给更富有的孩子,以抵消累进税制的影响。退一步说,我认为关心税后遗产总额的父母往往会留更多的遗产给缴税更少的孩子;还有一个事实是,即使税制鼓励他们进行再分配,他们也不想这么做。

无论如何,美国政府在陌生人之间的再分配程度,远大于美国父母在孩子之间进行再分配的程度。如果政客想让我们的社会更像一个家庭,他们的第一步就应该是降低税制的累进程度。

如果父母真的想要进行收入再分配,那么我想他们一般不会借助教育和关注这两个手段,而是会选择遗赠。当然也存在例外:较贫困的家庭会因为遗赠和现金礼物微不足道,所以选择教育和关注,因为它们可能是唯一可以用于再分配的东西。

如果我的这个观点正确,它会带来一些意料之外的影响。例如,即使富有的孩子平均而言并不比贫穷的孩子聪明,富有的大学生也应该会比贫穷的大学生聪明。这是因为每当富有家庭只能将两个孩子中的一个送进大学时,他们会选择更聪明的那个(并以其他方式弥补笨的那个);每当贫穷的家庭只能将两个孩子中的一个送进大学时,他们会选择笨的那个去上学（来补偿他的笨）。

另一个影响是，像启蒙计划[1]这样的项目，应该无法达到设计者的预期。当约翰因被纳入启蒙计划而收获一笔意外之财时，他的父母会以牺牲约翰为代价，花更多的时间陪伴他的兄弟姐妹作为对他们的补偿。

这很讽刺。启蒙计划有效论者认为，大多数人都是本能的再分配主义者。但约翰父母的再分配本能越强，约翰本人从启蒙计划中获得的收益就越少。

如果父母不用遗赠来平衡孩子的收入，那么他们用遗赠做什么？父母这样划分财产的逻辑是什么？

第一种理论指出，在父母看来，给予每个人同等数量的东西在本质上是公平的。但要检验该理论，我们需要更多地了解父母在世时对教育、时间和关注等的分配。我虽然支持这一理论，但不确定它能否经受住考验。

第二种理论认为，遗赠是错误的。基于这种理论的逻辑，父母宁愿在去世前花光所有积蓄。如果还有积蓄遗留，那是因为死亡意外降临。如果这种选择是正确的，我们就会

---

[1] 启蒙计划（Head Start Program）是美国的一项早期教育计划，旨在为贫困家庭儿童和特殊需求儿童提供综合服务。该计划于1965年推出。——译者注

看到老年人用他们所有的积蓄购买年金，来获得有保障的收入。目前来看，购买年金的人并不多，这表明人们更愿意留下可供遗赠的财富。

还有一种理论认为，父母受"战略遗赠动机"（strategic bequest motive）驱使，想用财产来获取成年子女的关注。子女受到被剥夺继承权的威胁时，会更守规矩；而当威胁有用时，实际上没有人会被剥夺继承权。该理论的可信之处在于，经济学家发现，子女会更频繁地探望拥有可遗赠财富（股票、债券等）的父母，而不是拥有同等价值但无遗赠财富（如养老金）的父母。"战略遗赠动机"并不意味着父母一定会在子女之间平分财产，但不排除这一结果。

与"战略遗赠动机"类似，我们可以假设一种"战略赠予动机"（strategic gift motive），这种动机在父母健在时起作用。那些生活窘困的孩子更有可能给父母带来负担（如回到他们身边），所以父母会给予他们额外的帮助，期望他们自给自足［与之相似的是"战略教育动机"（strategic schooling motive），让成绩最差的孩子接受额外的教育，从而使孩子的谈吐更加风趣］。如果出现遗赠，"战略赠予动机"就会消失，原先受宠的孩子将失去宠爱。

出人意料的是，"遗赠动机"与经济政策相互作用。赤字导致的减税政策的效果，可能取决于大多数父母是利他的还是战略性的。利他的父母会把减税所得的钱存起来留给孩子，因为孩子总有一天必须还清所有的政府债务，这种储蓄会压低利率。而有战略眼光的父母可能会花掉大部分减税得到的钱，导致利率上升。

近年来，正是这种与财政政策的相互作用，引起了经济学家对"遗赠动机"的关注。调查遗赠的一个更深层次的原因是，它揭示了人们本能的正义感。这种直觉是我们为不同领域制定经济政策的最佳指南。

第十三章
多子多福

第十三章 多子多福

泰德·巴克斯特（Ted Baxter）曾是电视节目《玛丽·泰勒·摩尔》（*Mary Tyler Moore*）的主持人，他计划生六个孩子，并希望其中一个长大后能够解决世界人口问题。虽说泰德作为新闻播音员略有不足，但却是一名天生的经济学家。他指出，人会解决问题，人口越多，解决的问题也就越多。

之所以你比你的祖父母更富有，你的子孙也比你更富有，是因为前者都搭上了先人发明创造的便车。对我们的父母辈来说，电视节目是黑白的，无法一边录制一边观看，只有三个频道。他们用电动打字机，当时最新型号的打字机有一项了不起的创新——一个"删除"键，不过只能删除最后输入的字符。

今天的我们享受着许多便利，为此我们要感谢有线电视、录像机和个人电脑（PC）的发明者，同时也要感谢他们的父母给予了他们生命。

繁荣的引擎是技术的进步。这不局限于工程方面的壮举，还包括设计新的保险合同、改善法律体系、改进轮作模式等。技术进步的引擎是人，想法来自人，人越多，想法就越多；想法越多，就越成功。

麻省理工学院（MIT）的经济学家迈克尔·克雷默（Michael Kremer）收集了人类100万年的历史数据来支持该良性循环理论——人口增长推动技术进步，技术进步推动经济增长，经济增长进一步推动人口增长，这是因为更富裕的社区可以养活更多的孩子。克雷默教授的研究报告中也引用了泰德·巴克斯特的话。

克雷默教授的论点基于的假设是，一个人口翻倍的世界，天才数量也将翻倍。因此，更多的人口意味着更好的技术，这就像规模最大的高中通常拥有最好的橄榄球队。更多的人口能带来的收益远不限于此。伟大的四分卫就只是伟大的四分卫，但伟大的发明家可以教会每个人提高工作效率；四分卫的贡献在他高中毕业时结束，但发明家的贡献永远存在。

人口规模增长带来的收益甚至可能超过克雷默教授的乐观估计，原因有二。首先，天才往往会相互启发，因此2000名天才产生的创意可能是1000名天才的两倍以上。[1]其次，

---

[1] 另一方面，人们可能会反驳说，天才往往也会互相抵消。隔壁的天才很可能会抢在你的前面获得专利，你为什么还要浪费青春来开发冷聚变呢？——作者注

人口越多意味着市场越大，发明家受此激励也会更加努力地工作。因此，人口增长不仅增加了天才的数量，还鼓励我们这些拥有普通才能的人尽力发挥才能。

事实上，美国里士满联邦储备银行（Federal Reserve Bank of Richmond）的两位经济学家曾在《美国经济评论》（*American Economic Review*）发文称，只有世界市场发展到足以奖励企业家的大规模创新时，工业革命及它引发的大规模持续增长才会出现。

自工业革命（大约200年前）以来，扣除通货膨胀因素，美国人均收入以每年1%~2%的速度增长。结果，美国现在的实际（即通胀调整后的）人均收入是乔治·华盛顿时代的20多倍，是20世纪初的6倍。在过去的200年里，世界范围内的人均年收入增长了大约10倍。

为了更好地理解这些增长率，请假设有一个年收入50000美元的美国中产，他希望孩子在25年后处于同样的中等经济水平。以1.5%的适度人均增长率计算，这些孩子每年的收入相当于73000美元（扣除通胀后）；而这些孩子的孩子将获得相当于106000美元的年收入。

如果你认为我们无法如此迅速地产生那么多财富，请记住，这是对200年历史趋势的推断（事实上，1.5%增长率的假设低估了经济发展速度）。还要记住，每一次历史进步在发生之前似乎都难以置信。公元1世纪，弗龙蒂努斯（Frontinus）写道："发明早已达到极限，我看不到进一步发展的希望。"但他的预测是错误的，美国专利局目前每年大约授予10万件专利权。

生活水平的提高并不完全意味着收入增加，它也包括拥有更多的闲暇时间和更优质的产品。

100年前，人们每周平均工作时间超过60个小时，而今天还不到40个小时；100年前，制造业工人休假比例只有6%，而今天达到了90%；100年前，男人在十几岁的时候就开始了全职劳动，而今天青少年的劳动力参与率基本上为零；100年前，65岁退休的男性工人比例为26%，而今天超过了80%；100年前，普通管家每天用于洗衣、做饭、清洁和缝纫的时候长达12个小时，而今天人们的家务时间大约是4个小时。

至于质量改进，试试这个实验：给自己找一份西尔斯百货商场25年前的商品目录，然后扣除通胀影响对价格进行修正（现在的商品价格大约是25年前的3倍）。你是愿意以当时的价格从25年前的目录中购买商品，还是以今天的价格从今天的商品目录中购买商品？你一定会震惊这短短25年取得的进步。

以医疗保健为例。你愿意以1950年的价格购买同一年质量的医疗保健服务，还是以今天的价格购买今天的医疗保健服务？我敢打赌，几乎所有见多识广的消费者都会选择后者。这就意味着，尽管对成本上涨大肆炒作，今天的医疗保健仍然比1950年的划算。

可见，即便19世纪和20世纪收入显著增长，这种可衡量收入的增长仍然低估了我们经济的发展速度。美国中产阶级的平均收入可能低于中世纪的欧洲君主，但今天美国人的生活更奢侈。亨利八世可能会用他的半个王国来交换现代管道系统、终生供应的青霉素和互联网。

这些发展趋势会继续吗？没有人知道，就像没有人知道10年后地球是否会被小行星毁灭。但是我们可以推测概率。我们所知道的是，尽管经济发展会出现一些暂时的小起伏，但整体的经济增长速度在过去200年的时间里几乎没有减缓。我们也知道，所有这些增长都是由技术进步推动的。因此，我们可以合理地推测，我们没有耗尽燃料的原因是技术进步带来了新的燃料：新想法总是一个接着一个，而且会越来越容易出现。这也支撑了克雷默教授的观点，即财富增加使我们能够养活更多的人口，这反过来又促进了财富的创造，因此人类有充分的理由保持乐观。

怀疑论者指出，有些国家虽然人口众多但经济状况糟糕。然而无一例外的是，这些国家拥有人口规模的天然优势

（这意味着更多天才和大量贸易伙伴）。[1]

人口多除了可以带来繁荣，还有很多好处。我们重视邻居，不仅将其视为潜在的贸易伙伴，而且将其视为潜在的朋友；我们爱孩子，并非因为他们的收入能力；许多人更喜欢纽约而不是蒙大拿州，或者更喜欢印度加尔各答而不是周围的乡村，是因为生活在人群中能带来好处。

人口越多意味着多样性程度越高。室内乐、帆伞运动和埃塞俄比亚餐馆只有在人口足够多的地方才能存续。在一个人口稀少的世界，没有足够的读者来证明出版本书是合理的。我认为那是不幸的，希望你也持有相同的观点。

我最近收到一封来自底特律的读者来信，他抱怨人口过剩使他的城市不再宜居。我对此没有太当真，因为他选择继续留在底特律，这表明对他来说，生活在人口中心的优势仍然大于劣势。除非自己愿意，没有人必须住在拥挤的地方。曼哈顿人会告诉你，他们留在纽约是因为剧院、交响乐或工作机会——这只是"人多"的另一种说法。

---

[1] 也有人会反驳说，个别国家的人口数量不是相关变量。因为在一个地方发明的任何东西，都可以很容易地在其他地方被复制，所以可能只有世界人口数量才是重要的。——作者注

托马斯·马尔萨斯（Thomas Malthus）可谓是最悲观的科学家。19世纪到来之际，他悲观地预言人口不受控制的增长，将不可避免地导致大规模饥荒和人类苦难。实际上，这个预言并未成为现实（至少现在还没有），而它没有发生的一个原因是技术进步。这种技术进步恰恰是这位科学家特别担心的人口增长带来的。技术的进步使粮食产量以几何级快速增长，并仍在不断增长。马尔萨斯不仅未能预见技术的进步，而且缺乏远见。他没有察觉到一些更基本的东西。

人的一生中需要使用无数资源，比如鱼类、石油和土地。马尔萨斯和他的追随者（直到今天）犯了一个根本性的错误，即假设你索取这些资源时，你会让你的每个邻居都略微陷入贫困。但这是不对的。为什么呢？请仔细考虑，你使用的资源从何而来？有些资源是你生产的，使用它们不会让别人陷入贫困；有些资源是你交换来的，使用它们也不会让别人陷入贫困（你可能从我这得到一条鱼，但我也会从你那里得到其他有价值的东西）；剩下的资源是你继承而来的，只有使用这些资源才会减少别人的份额。但你的继承权并不是从其他人那里夺取的，减少的是你的兄弟姐妹的份额。

这很关键，但常常被忽略。当人们想到过度拥挤或人口过剩时，他们通常会想象：假设我没有出生，其他人会分得稍微大一点的蛋糕。事实是，如果我没有出生，我的两个姐妹将分到更大的蛋糕份额,而其他人的份额与现在几乎相同。

这个简单的观察,完全推翻了马尔萨斯的观点。原因如下:这意味着每个家庭都可以选择自己的人口增长率,除非自愿,否则任何家庭都不必因人口增长而陷入贫困。假设你和我每人拥有1000英亩(约4.05平方千米)土地,如果我家族的人口每一代都增加1倍,而你的家族人口增长为零,那么在10代之后,我的后代每人拥有的土地将不到1英亩,但你的家族仍将拥有1000英亩土地。我家的过度生育与你无关。[1]

爱孩子的父母会面临权衡:孩子越多,能分给他们每个人的就越少。理性的人可能会因权衡而产生分歧。有些人认为,贫穷对于大家庭来说是可以接受的代价;有些人则会为了更高的生活水平,选择少生孩子。这个冲突并不需要解决,它体现了多样性。

那些专门爱危言耸听的人认为,我们应该问问地球能养活多少人。这个问题是错误的。你不用担心地球能养活多少人,而应该专注于你占有的地球资源可以养活多少人,并适当地调整你的家庭规模。如果有人决定减少他自己占用的资

---

[1] 事实上,如果有的话,你的后代会感激所有可用于在他们的大片土地上工作的廉价劳动力。——作者注

源分给家人，只有爱管闲事的人才会抗议。

从你出生的那一天起，你就会对这个世界产生成本和收益。成本包括你已经占用（和将继续占用）的资源，收益包括你对世界的创意、爱情、友谊和多样性的持续贡献。

我的问题是：是成本大于收益，还是收益大于成本？换句话说，你的出生（或任何孩子的出生）对他人而言是福，还是祸？

我们不要试图通过罗列成本和收益清单来解答这个问题。列出清单无法得出最终答案，因为你永远不知道自己忽略了什么。在某个夏天的晚上遭遇堵车之后，你会记得你前面的司机给你造成了负担，但会忘记那个发明汽车空调的人；在某次结账过程中，你会记得那个摸索着要用优惠券的购物者，但会忘记在某个寒冷的冬夜帮你更换轮胎的好心人。这就像纽约人会抱怨拥挤的人群，但总是忘了，如果没有这些人，纽约将无异于美国艾奥瓦州的锡达拉皮兹市。

因此，与其列清单，不如试着重现你父母在决定是否要孩子时的想法。他们的偏见是什么？他们更有可能低估了成本还是收益？

他们不太可能忽视成本，因为成本主要集中在自己的家庭内部：你的出生会让父母转移原先要给予其他孩子的资源

（包括继承土地等有形资产和父母关注等无形资产）。

生孩子的收益更加分散。你出生最明显的好处是，它给你的父母带来了很多快乐，他们没有忽视这一点。其余的收益并不局限在家中。如果你做了一个更好的捕鼠器，你将造福成百上千万人；即使你所有的"成就"只是微笑，你也能照亮成千上万的日子。

我们不知道如何罗列这些收益，但我们知道，很多完全陌生的人享受到了这些收益，而你的父母对此可能并没有考虑太多。

所以，当你的父母决定把你带到这个世界上时，他们权衡了大部分成本和一小部分收益——他们仍然想要你！从更广泛的社会角度——权衡所有成本和收益——来看，生下你一定很划算。

除非是小偷或严重污染环境者，否则大多数孩子不会给（家人之外的）他人带来高昂的成本。大多数情况下，生孩子都是利大于弊。

在这里，我想对刚才的论点做一个更系统的总结。如果你已经认可了我的观点，你可以跳过这部分。

你的出生给你的家庭和整个社会带来了成本和收益。已知成本和收益如下：

1. 对社会的好处超过对家庭的好处，因为对社会的好处包括对家庭的好处（毕竟家庭是社会的一部分），以及对他人的成功和幸福所做的贡献。

2. 我们可以假设，根据你父母的计算，你的出生给家庭带来的收益超过了成本，否则你不会出生。

3. 给家庭造成的成本约等于社会成本，因为社会的主要成本是资源消耗，你消耗的资源（除了你生产和交易的）来自家庭的其他成员。

4.结合前三点，我们可以推断，你出生带来的社会收益大于社会成本。其他每个出生的孩子也是如此。[1]

我一直认为，孩子出生总的来说是件好事，问题是人口增长太慢。

关键的观察结果与之前相同：当父母决定是否要第三个、第四个或第五个孩子时，他们通常更关注（加诸他们和他们所爱的人的）成本，而不是（加诸大多数陌生人的）

---

[1] 这个论点中最薄弱的是第三点，其中有一些例外，例如我已经提到的小偷和严重污染环境者。但大多数人不会成为小偷或严重污染环境者，其他明显的"例外"并不像它们看起来的那样。例如，你可能会认为，当你抬高汽车价格或和他人竞争工作时，你就把成本强加给了别人。但这些并不是真正的成本，因为它们附带了可抵消的收益。当汽车价格上涨时，卖家的收益与买家的损失持平。如果求职中你比我更优秀，我的损失就是雇主的收益。——作者注

收益。

当决策者更注重成本而不是收益时，决策往往过于保守。这几乎肯定意味着父母生育的孩子少于社会期望的数量，因此人口增长太慢。

人口增长和环境污染相反。排污的钢厂所有者仅将其所有收益（即他的利润）与部分成本（他计算自己的开支，而不考虑邻居的健康）进行权衡。因此，他超额生产。父母则会权衡多一个孩子的所有——或至少大部分——成本（从其他孩子那里转移的资源）与一部分收益（他们计算自己对孩子的爱，而不是其他人对孩子的爱）。因此，他们生育不足。

换句话说，当别人有更多的孩子时，总是令人高兴的。因为这些孩子可能会丰富你的生活，而其他人则承担了抚养他们的所有工作。这意味着我们应该愿意补贴彼此的生育。在没有这些补贴的情况下，我们生的孩子太少；就像在没有适当的罚款或税收的情况下，钢厂生产的钢铁太多一样。

可能会有一名年轻的女士因为我未能生育一个儿子而一生孤独，因为我未出生的儿子可能有一天会让她一见倾心。如果我像关心自己的女儿一样关心那位年轻女士，我就会选择生出那个儿子。但是因为我表现得好像别人的孩子不如我自己的孩子重要，所以我过早地停止了生育。

换句话说，当我限制家庭人数时，我是自私的。我理解自私。但我无法理解鼓励别人自私（这是人口零增长组织的全部目的）。寻找补贴生育的方法是有意义的，人丁兴旺的世界将更加繁荣，也会让我们找到更多志趣相投的朋友，发现更多陌生人之间的小善举，以及拥有更大的机会找到爱。这就是我们欠孩子的。

上文中我说的生孩子是基于陌生人的利益。此处，我想再提出一个完全不同的论点，即为了孩子本身的利益，我们也应该多生孩子，想必他们会对生命的恩赐心存感激。

我不确定该论点能论证到何种程度。目前世界上不乏关于未出生婴儿权利的公开讨论，要评估我刚刚提出的论点，我们必须进一步思考未出生婴儿的权利。对此达成共识不是易事。

在我看来，以下问题极其重要，但解答也极其困难：活着的人是否对数以万亿计的潜在未出世的人存在道德义务？因为除非我们怀孕，否则这些未出世的人将永远没有机会获得生命。

答案要么是肯定的，要么是否定的，但任何一个答案都会产生一个令人不安的结论。如果答案是肯定的，那么似乎我们在道德上有义务生育比我们真正想要的数量更多的孩子。未被孕育的生命就像被囚禁在地狱边缘的囚犯，无法闯入生者的世界。如果他们有权利，那么我们肯定需要帮助他们中的一些人逃脱。

事实上，我曾论证过，完全无视非美国人利益的贸易政策或福利政策缺乏道德基础。以此类推，未被孕育的生命也是道德实体，完全无视他们利益的生育政策，缺乏道德基础。如果不想得到这一怪异的结论，那么就要推翻此前肯定的回答。

如果答案是否定的，那么即使耗尽地球资源，影响下一代生存，这些行为也不存在道德问题（这并不是说我们一定要破坏地球，我们保护它可能有自私的理由。只是说如果我们真的想要破坏地球，这在道德上是允许的）。[1]如果我们阻止子孙后代被孕育，如果被孕育之前不算道德实体，那么我们的罪行就没有受害者，也不构成真正的罪行。

这种观点并非史无前例。托马斯·杰斐逊（Thomas Jefferson）写道："地球属于生者。"但这站不住脚，如果我们每个人都有权放弃生育，那么我们所有人都拥有这项权利是有争议的。然而，坦率地说，结论似乎确实令人不安。

第一次想到这个问题时，我很不安，因为这两种选择的

---

1 如果你相信动物（或植物）具有我们否认的未被孕育生命的道德地位，你就必须修改这个结论。——作者注

隐含意义都让人难以完全接受，但它非此即彼。在审慎思考之后，我倾向于认为第二种观点是正确的，但我无法证明，因此我不确定。

如果未被孕育的生命拥有权利，我们就会得到令人不安的结论；如果未被孕育的生命没有权利，我们也会得到令人不安的结论。也许还有第三种方式，那就是承认我们无法在涉及未被孕育的生命这个问题上做到逻辑严谨。让我提供一些证据。

你肯定知道这样的夫妇：他们已经有两个孩子，犹豫是否要第三个。他们会摇摆，会权衡利弊，最后选择生下孩子。而从第三个孩子出生的那一刻起，父母就爱不释手，甘愿牺牲所有财产来保全他的性命。

将这种权衡与人们购买电器、家具或光盘时的方式进行比较。通常，让你犹豫不决的产品并不是你最珍惜的产品。也有例外——有时你买回家后发现这个光盘的内容出奇地好——一般来说，如果你不确定自己是否想要，它就不可能被珍惜。那么，为什么孩子们如此不同呢？

我的一位同事坚持认为，我的类比缺乏一致性。他说，将婴儿等同于微波炉是错误的，相反，你应该将其视为令人上瘾的药物，一旦决定尝试，人们就会上瘾并且无法放弃。婴儿就像令人上瘾的药物。

我认为，他的类比并不妥帖，因为药物成瘾者往往一开始就相信他们可以摆脱这种瘾头。也许是因为他们愚蠢，也许是因为他们是高风险赌徒，但这就是他们的想法（不然，为什么那么多瘾君子在描述成瘾经历时会说"如果我早知道……就好了"）。父母则不是这样的。父母事先就知道，而且几乎可以肯定，他们会对自己的孩子上瘾。他们清楚地知道自己的选择，就像顾客知道要选哪台微波炉。

此外，父母和药物成瘾者之间的主要区别是，几乎可以肯定，父母事先知道他们不想戒掉这种瘾头。如果你已经有了两个孩子，还在为第三个孩子犹豫不决，那么你已经很清楚为人父母的体验，不同于那些自我鄙视的瘾君子，你会珍惜自己对孩子的依恋。当你知道你在得到某样东西后会非常喜欢它时，你怎么可能在一开始就犹豫要不要呢？

作为独生子女的父母，我可以证实，人们确实有这种行为。我知道，如果我让并不存在的孩子出世，他们将是我最宝贵的"财产"，但我还是选择让他们不被孕育。也许这就是悖论。

让我再给你留下一个悖论，供你思考。假设你计划在不久的将来怀孕，并且你正在考虑去银行购买一些债券作为礼物送给那个孩子。毫无疑问，去银行的行程会导致你当天的日程安排发生轻微变化，因此受孕时间也会发生轻微变化，从而彻底改变你孩子的身份（因为10:01排出的精子不同于10:02排出的精子）。

现在，如果你去银行，你会怀上注定成为富人的孩子A；如果你把所有的钱都花在赛马场，你会怀上注定贫穷的孩子B。根据几乎所有父母的经验，你事先知道，无论哪个孩子出生，你都会选择这个孩子。如果在B出生20年后，你神奇地抓住了用他交换A的机会，那么你肯定不会考虑这样做。事实上，如果一个邪恶的精灵威胁要将B变成A，你会宁可付钱让他不要这样做。

但是，如果你去银行而不是赛马场，那么你基本上就是在为生下富裕的孩子A而不是贫困的B而付出代价，尽管你几乎可以做任何事情来阻止孩子B出生之后变成孩子A。这似乎很难与任何关于理性行为的经济理论协调，但事实确实如此。

从所有这些悖论中可以看出，似乎还没有人想到一种前后一致的方式来论证未被孕育的生命的利益，甚至不确定是否有任何利益存在。泰德·巴克斯特渴望能出现一位天才解决人口问题，我只是希望出现一位天才教我们思考人口问题。我希望下一代有足够的人口可以孕育出这样一位天才。

女儿凯莉一出生，我家的人均收入就下降了1/3。如果人均收入是衡量人类幸福的正确标准，那凯莉的出生一定是我生命中最糟糕的时刻。但我不这么认为。

经济学家彼得·鲍尔（Peter Bauer）指出，如果人均收入是衡量人类幸福的正确标准，那么农场动物的诞生就是一种福气，而孩子的出生则是一种诅咒。但没有人这样想，因为生活比人均收入更重要。

其他人——我们的朋友和我们的孩子，有时甚至是我们意想不到的陌生人，他们的善意是让生活变得有价值的奢侈品。在一个财富源于思想的世界里，每个孩子生来就有希望使每个人的生活都变得更加繁荣。孩子这种奢侈品，物有所值。

第十四章
算术

第十四章 算术

霍勒斯·曼（Horace Mann）是我的英雄。

霍勒斯·曼曾是19世纪公立学校改革运动的领袖人物，但在现代保守派中声名狼藉，他们怀疑他关心的不是教育，而是促进集体主义理想和扼杀独立思想。换句话说，他们怀疑曼会和今天的教育专家很合群。但我很难将这些怀疑与写下如下这些文字的曼联系在一起：

> 教育是为了激发对真理的热爱，将其视为至高无上的善，教人明辨是非。希望有一代人可以在狭隘和自私的土壤里，找到伟大和永恒的原则。
>
> 我们不需要像尖塔的风向标一样随风而变的人，我们需要像高山一样能够改变风向的人。
>
> …………
>
> 许多重大问题——我不能说大多数——使我们这个时代像一口大锅一样沸腾，但它们将永远无法得到解决，除非有一代人从小就寻求真理和尊重正义。在上个世纪

中叶，一些天文学家就其中一颗行星发生了激烈的争论。一些愚蠢的人开始口水战，写书互相攻讦；另外一些天文学家以他们的智慧改进了望远镜，很快就永远解决了这个问题。教育应该模仿后者。

这些无懈可击的观点从未被如此雄辩地表达过。曼在某些事情上是错误的，例如，他坚信应由政府来管理一个高效的学校系统，但关于教育的目的和方法，他的观点一直高屋建瓴。

曼坚定并始终如一地提倡，教育要做的是教学生如何思考，而不是教他们思考什么。以下是他对死记硬背的批评：

> 如果是填鸭式教育，学生无法理解这些概念，就会试图记住这些单词。最好的结果是学生学会某个单一的事实，但他们无法解释这类事实背后的规律。当老师让学生一遍遍死记硬背的时候，他就是把学生的头脑当作自己的草稿本来做算术题——每当要做第二题时，就要把第一题擦掉，腾出空间。

曼曾经访问过一所小学，那里的学生记忆力超群，他对此是这么说的：

那个班级里有一群地理学的小学者。在关于地球自然分布（大陆、海洋、岛屿、海湾等）的测验时，他们回答了所有问题，准确度和及时性令人钦佩。我又问他们是否见过他们一直在背诵的地球，他们却异口同声地回答，从未有过。

作为一个大学老师，我相信这段话的真实性。我常常会遇到一些学生根本不明白他们正在学习的材料应该是什么，也不懂其背后的意义。如果让学生解答一个经济学问题，他们会做简单的计算，并得出每家杂货店生菜的价格是每个80美分，但平均每个要付90美分的结论。即使如此，他们也仍然相信他们给出了正确答案。我最近布置了一个作业，要求学生计算圣诞老人分发的免费玩具的价值，班上有相当一部分人给了我一个负数的答案，但他们没有感到尴尬。当我请他们描述箭牌公司劳动力成本增加1万美元的影响时，总是有学生能快速回答说，每包口香糖的价格将上涨1万美元。

这些事件并不是孤立的，它们一直在发生。我有20%的学生似乎没有认识到这样一个原则：当某事没有意义时，你应该质疑它。

我不知道该怪谁。也许学生只是懒惰，也许我还没有想出激发他们灵感的方法。我敢打赌，很大一部分问题源于小学阶段的教育。

成功的教育的产物,是有智慧的怀疑论者——遇到新的"事实"时,他们会本能地停下来质疑它是否合理。如果事实事关重大,他不仅会质疑其合理性,还会调查它是否属实。

教育意味着学会以智慧的方式问出"这是否合理"这个问题。通常,这意味着要进行正确的思想实验。例如,有时美国人认为日本汽车制造商"倾销"(以人为低价销售汽车)的做法,让美国人的境况变得更糟。被告知这样的事实后,受过教育的人可能会停下来考虑,日本人是否可以通过向每个美国公民免费提供一辆雷克萨斯来让美国人的境况变得更糟。在完成这个思想实验之后,谁还会相信倾销会伤害美国人呢?难道你会觉得,圣诞老人带来的是伤害吗?

在天文学领域,用望远镜观测是解决激烈争论的最好方式;而在公共政策领域,计算是解决激烈争论的最好方式。这里的计算并不是指将一列数字相加,而是简单的概念性算术。你会注意到,如果你在一件事上花费更多,那么(只要你的收入没有改变)你就必须在其他事情上花费更少。

例如,很多人认为美国人应该在高科技行业投入更多资源。但是因为这些资源必须来自某个地方,所以受过良好教育的怀疑论者会本能地问:"那么我们究竟应该对哪些行业投入更少的资源?"(我并不是说,这个问题不存在一个理由充分的答案,我想强调的是提出这个问题本身。)

另一个例子是,人们普遍认为,由于美国人在医疗卫生方面的支出比日本人或加拿大人多,因此美国人在这方面的支出"过多"。但是美国人的收入比日本人和加拿大人高,所以算术法则要求美国人在某件事上比他们花更多的钱(除非美国人扔掉部分收入)。[1]因此,正确的问题是:如果美国人应该减少医疗卫生开支,那他们应该增加哪方面的开支?任天堂游戏吗?

算术对于理解大数字是必不可少的。当有人告诉你医疗卫生方面的支出占7万亿美元,即美国国内生产总值(GDP)的14%时,你几乎无法想象这意味着什么。煽动者轻而易举地就对其进行了夸大,但任何有算术本能的人都不会受到煽动。如果14%的收入用于医疗卫生,那么年收入为50000美元的家庭,每年平均得花费大约7000美元在与健康相关的事项(包括看牙、配眼镜,以及大约3000美元的联邦医疗保险、医疗补助和其他费用)上。这些数字是任何合理讨论的

---

[1] 你可能想反驳说,美国人不必花光他们的全部收入,他们还可以增加储蓄。但储蓄的唯一理由是在未来花费更多,因此储蓄只会推迟不可避免的支出。——作者注

前提。

当人们无法解释算术定律或其背后的基本逻辑时，会发生以下情况：我刚刚在《华尔街日报》(*Wall Street Journal*)上读到一种新型胆囊手术的介绍，它承诺能大幅度削减手术成本。不幸的是（据《华尔街日报》报道），该手术很受欢迎，以至于胆囊手术的总支出不降反升。文章的结论是，作为削减医疗费用的一种手段，这种新型手术似乎是失败的。

那么按照这个逻辑，现在2000美元的台式电脑比30年前价值数百万美元的大型计算机还要贵，因为售出的台式电脑太多了；按照同样的逻辑，当牛肉价格下跌时，去杂货店买东西的人应该会不高兴，因为他们会选择购买更多的牛肉。

《华尔街日报》记者将商品的价格与支出混为一谈，这是一个初级错误（牛肉的支出总额是每磅价格乘以购买的磅数）。当价格下降时，消费者会更开心。如果总的支出增加，那是因为消费者选择了购买更多的牛肉。这种自由选择不是坏事。

手术也是如此。如果修复胆囊变得更便宜，那是一个福音。如果更多的胆囊因此得到修复，那将是一个更大的福音。

以下例子所犯的错误与上一个例子如出一辙，只不过背景不同。几年前，我写了一本书叫《反套路经济学：为什么常识会撒谎？》，其中我分享了一个（经济学家众所周知的）事实，汽车在20世纪60年代变得更安全（例如安装了座椅安全带、带衬垫的仪表板等），但司机变得更加鲁莽——以至于司机的死亡人数几乎保持不变（那本书出版后，研究人员发现，20世纪90年代驾驶员侧面安全气囊和防抱死制动系统的安装，也产生了类似效果）。一些书评人试图因此推断，驾驶员不会因为安全带获益。这是错误的。系安全带的司机发生事故的可能性和不系之前一样，与此同时，他驾车的风格更加鲁莽。司机甚至珍视鲁莽开车的自由，尽管可能有潜在危险，他们也要将其牢牢抓住。[1]

有个类比能够清楚地解释，为什么系上安全带会减少鲁莽驾驶的代价。当代价（price）下降时，人们会更加鲁莽地驾驶车辆，就像牛肉价格（price）下跌时，人们会购买更多牛肉一样。司机死亡人数就像屠夫的总账单——它可以上升、下降或保持不变，无论如何，我们可以肯定，代价/价格的下降更有利于消费者——在这种情况下，消费者是司机。

---

[1] 另一方面，鲁莽驾驶的增加意味着汽车对行人的危险性更大。考虑到司机的收益和行人的损失，无法断定安全带是否会在网络上受到社会欢迎。——作者注

在《华尔街日报》的另一篇文章中，一位交通工程师重新设计城市道路，目的是造成交通拥堵——因为他注意到，目前拥堵严重的地区往往有很多好的商店、剧院和餐馆。这就像你想在7月挂槲寄生，仅仅是因为你注意到在挂槲寄生的几个月里，你会收到很多礼物。此处，根本的错误在于假设两件事同时发生时，第一件事一定是第二件事的原因。在课堂上，我发现擅长数学的学生也善于思考变量之间关联方式的不同可能性，他们不会犯这种错误；那些不擅长数学的学生则常常犯错。幸运的是，他们仍然可以成为交通工程师或日报记者。

几年前有一份报告称，抽烟斗的人比不抽烟的人平均寿命更长，我想知道，有多少交通工程师抽烟斗是因为他们期望自己活得更久。不幸的是，因果关系更有可能朝着相反的方向发展——抽烟斗不是长寿的原因，长寿才是抽烟斗的原因。大多数长寿的人直到晚年才抽烟斗。

如果这样解释还是不够清晰，那么考虑一种极端情况：在百岁生日时心脏病发作的人，平均寿命比在百岁生日时没有发作心脏病的人长得多（事实上，他们都至少活到了一百岁）。如果今天是你的百岁生日，这并不意味着心脏病发作可以延长你的寿命。

另一个例子是，几年前，有人称右撇子的平均寿命比左撇子长九年左右。许多记者仓促得出结论：右撇子更长寿。但另一种解释是，某个年龄段以上的几乎所有左撇子，都被迫改成了右撇子。在那种情况下，长寿往往会导致人惯用右手，而不是相反。

在所有这些例子中，记者都混淆了因果关系。从根本上来说，这是一个数学错误——未能跟踪变量之间的正确关系。我毫不怀疑，通过一门课程，初中生就可以成功摆脱这些困惑，这门课程既可以为他们提供智力工具，使他们清楚地思考因果关系，也可以让他们在遇到任何不清晰的观点时都有信心挑战它们。我希望每个八年级学生都学习这样的课程。我想，霍勒斯·曼应该会认同这一点。

在某届美国总统选举之前，周日早间的一个新闻节目用了半个小时来进行政治预测。第一位嘉宾是政治学家，他研究了失业率、经济增长率和驻外美军人数等变量，因为历史经验告诉他，每个变量作为过去选举的预测指标是多么有用。然后，他把这些信息代入统计学家们的"回归方程"，做了预测。

下一位嘉宾是历史学家，他几乎无法抑制自己对政治家预测的不满。他说，仅仅使用一个方程来解释总统选举这样复杂的事情，这种简化过于荒谬。于是，主持人问，您会如何预测选举呢？历史学家回答说，你必须考虑很多事情，你必须考虑失业率、经济增长率、在外国领土上的美军人数……

换句话说，历史学家和政治学家的所作所为没有本质差别，他只是反对政治学家使用方程进行跟踪。

多么奇怪的观点——同样的事情，模糊和马虎可以被接受，谨慎却不可以。我敢肯定，这位历史学家代表了数百万观众。迷信或思想懒惰似乎孕育了对量化的敌意，我认为这是当前教育的一大败笔。

也许，历史学家反对的是政治学家所用的方程式，而不是方程式的呈现方式。也许他担心，这会给人一种精确的错觉。这是偷换概念：没人认为可以用方程式准确预测选举结果，每个人都知道所有预测都是基于有限的经验，某些经验甚至可能不再相关。我们在黑暗中摸索，也清楚地知道自己身处黑暗，唯一有争议的是，我们是要仔细和系统地摸索，还是短暂徘徊。

对量化的非理性敌意会使社会制度瘫痪。想一想在刑事审判中发生的情况：法官指示陪审员，如果他们认为被告"超出合理怀疑"就定罪；但法官没有告诉陪审员，"合理怀疑"是1%的怀疑、2%的怀疑还是5%的怀疑（例如，2%

的怀疑意味着，如果陪审员审理100起证据充分程度相同的案件，预计98名被告有罪）。律师们对疑点可以如此精确量化的说法嗤之以鼻。这种嘲笑是有道理的，但无关紧要。诚然，没有陪审员可以确定他的怀疑是否超出或少于2%，同样真实的是，也没有陪审员可以确定他的怀疑是否超出或少于"合理"。有了量化的目标，陪审员至少能知道目标是什么，即使他们不确定是否会达到目标。[1]

为什么法官在使用"合理怀疑"这个词时有所隐瞒？也许部分原因是让陪审员失去中立，依赖法官的持续指导。一个受过更好教育的陪审团是不会容忍这种做法的。

凯莉三岁生日前后，我们住在科罗拉多州立大学（Colorado State University）校园附近，有一次我带她散步，当我们走到校园的尽头——一个我们从未一起探索过的地方——她告诉我，她在附近某处看过一些动物标本。我问她是谁带她去的，她说是实验学校组织去的（后来发现实验学校组织的实地考察是六个月前的事了，这记性啊）。

我想我知道在哪里可以找到这些动物标本，于是我问她是否愿意再看一次。我们很兴奋，不幸的是，我不认识路。

---

[1] 量化的另一个好处是，立法者可以灵活地为不同的罪行设定不同的标准。——作者注

因此，我们从一栋楼走到另一栋楼，向人们询问，但没有获得太多信息。找了很久，有人建议我们去动物学系，于是我们就朝那个方向走了。实际上，我也不知道动物学系在哪儿。过了一会儿，我又问了路人动物学系在哪里，最终找到了方向。凯莉很高兴这个人认识路，她还一再警告我，动物们在这栋建筑里，所以你必须非常安静——这无疑是实验学校教她的。

当我们到达大楼时，她惊奇地低声说："我以前来过这里！"我们在鸟类和哺乳动物中间找到了一个地方，她坐在那里静静地冥想了很长时间，最后低声说："他只是想了想……然后他就知道它在哪里了。"她见证了一个奇迹。

在一座单间博物馆的昏暗寂静中，凯莉坐在那里着了迷，她不是被猫头鹰和老虎的眼睛蛊惑，而是被纯粹思想的宏伟吸引。我们逗留了一会儿，然后准备离开。

在接下来的三章中，我想说明凯莉最伟大的发现——思考可以带你去想去的地方。

更具体地说，我想说明，凭借一点数学知识如何平静地解决一个让人激烈争论的问题。我选择的主题是政府债务、种族歧视及我们对子孙后代的义务，它们按照数学复杂性递增的顺序排列。前两个非常简单，最后一个难度更高。

这三个例子说明了三种不同的数学推理方式。第一个例子关于政府债务。抽样计算以一种非常简单且无可辩驳的方式说明了一般原则,尽管没有学过经济学的人似乎很难理解它。示例计算中的数字完全是虚构的,但通过计算可以说明,无论选择什么数字,该论点都同样成立。

第二个例子关于种族歧视。我通过对现实数据粗略的计算,质疑了大众广为接受的关于种族歧视的看法。虽然分析结果无法下定论,但它强烈暗示着某种可能性。

第三个例子关于用数学观察我们道德偏见的后果。正如我所说,它可能比前两个更难理解。如果你在阅读时感觉精力不足,就可能想跳过这部分。

第十五章
计算政府债务

第十五章 计算政府债务

如果你担心政府债务不利于子孙，那么我可以通过计算让你放心。你可以从以下的例子中收获很多：

假设你在银行里有1000美元，到你的孙辈继承它时，它会翻倍。

现在，假设政府决定花费你的钱中的100美元。它有两种方式获取这100美元。

方案一：将税提高100美元。你会剩下900美元，孙辈继承时，这笔钱将翻倍成1800美元。

方案二：向你借100美元。你依然剩下1000美元，孙辈继承时，这笔钱会翻倍成2000美元。届时，政府必须向你的孙辈征税200美元以连本带利地偿还债务。这样，你的孙辈就剩下了1800美元。

这个故事可以说明两点。一方面，政府开支对你的孙辈来说代价高昂。如果没有这笔开支，他们最终会得到2000美元而不是1800美元。另一方面，两种选择对你的孙辈而言根本没有影响。方案一属于"平衡预算"选项，方案二属于"赤字支出"选项,两者都不会对你的孙辈的境况产生影响。

换句话说,只要你能给孙辈留下遗赠,那么政府债务就不会危害到他们。再换句话说,除非你愿意,否则政府债务(相对政府支出)不会伤害到你的孙辈。

这不是花哨的经济理论,而是简单的算术。对于经济学家和懂数学的人来说,这不存在争议。然而,在那些坚决拒绝通过简单的计算得出结论的人群中,这引起了极大的争议。

这样的人很多。我之所以知道这一点,是因为我在杂志专栏中介绍了这个简单的算术后,收到了大约150封读者来信。读者们在信中强烈反对我的观点,其中一些信件的内容令人"耳目一新"。大多数人十分执着,多轮通信之后,他们甚至都没有尝试指出我的推理中的任何错误,却仍然坚称我的结论是错误的。

即使面对无法反驳的确凿论据,人们也依然相信他们想相信的东西,这让我觉得既悲伤又可怕。我希望,他们对此至少会产生无法言说的不适。我的不安不仅是因为他们拒绝我的观点,还因为他们似乎认为从一般的严谨论证中无法学到任何东西。从他们的信件中可以清楚地看出,大多数人甚至从未尝试着读一下我做的算术,相反,他们试图改变话题。

例如，写信反对我的人中，很多是谐和联盟[1]的成员（该组织致力于白热化财政问题）。他们告诉我，国家面临着巨额债务，但他们显然忽略了这样一点，即无论政府花费1美元、100美元还是1000美元，我的观点都是成立的。我给他们每个人都写了回信，确切地询问他们反对我的算法中的哪一步。但在回信中，他们不过是一遍遍重申国家的巨额债务。

一位绅士写信表达他对政府可以随心所欲借款的愤慨。"我的孩子、我的妻子、我的公司都无法随心所欲地借款，为什么政府可以？"他问我。

好吧，你的妻子、你的孩子或你的公司都不能随便提高税收。如果政府要花你的钱，它必须通过借贷或税收来获得，无论哪种方式，都超出了你的妻子、你的孩子和你的公司的权力。[2]当我如此回复时，这名笔者终于明白了，他说以前自己从来没有这样想过，现在他将以全新视角看待这个问题。

---

1 谐和联盟（Concord Coalition）是一个无党派的预算观察机构，成立于1992年。它的使命是促进财政责任和可持续性，致力于通过教育和宣传提高公众对财政问题的认识和理解。——译者注

2 还有第三种选择：政府可以减少支出，而不是借贷或增税。这是我热衷的选择。但我和我的通信者都认为政府支出水平是既定的，并且只讨论在通过借贷融资时支出的负担是否会放大。——作者注

我不想对一个细心且虚心的读者太过苛刻，但让我觉得不可思议的是，有思想的成年人怎么会说出诸如"我的妻子、我的孩子、我的公司无法随心所欲"这样的陈词滥调？他们都不问问自己到底"不能"做什么。正确答案不是你的妻子、孩子或公司不能借钱，而是他们不能花别人的钱。不管是好是坏，这是政府经常做的事情。

如果你认为"因为我的妻子不能像政府那样借钱，所以政府应该通过税收而不是借钱来为其支出提供资金"，那么我也可以说："嗯，我的妻子不能像政府那样增加税收，所以政府应该通过借款而不是税收来为其支出提供资金。"我的论点与你如出一辙，对吧？

如果这种"妻儿"论仅仅出现在私人信件交流中，那么我不会费如此多的篇幅赘述。但是在专栏文章和周日早间电视节目中，政客和记者常常也会有这种争论。我认为这个观点不仅错误，而且错在了根源上。它之所以能够被人们认可，是因为人们说出这些话的时候，从未停下来思考它的意思。

还有人写信告诉我，政府为生产性投资提供资金而借款是合理的，但为浪费性支出提供资金而借款就不合理。我猜，他们只不过是在重复大学商务课上听到的内容的篡改版。这就是教育的力量，无论我在信中对此做出多少次阐释——无论政府如何支配你的100美元，上文中的方案一和方案二最终都是一样的——他们都选择无视。

最后，还有人想将政府类比为像美国电话电报公司（AT&T）这样的大公司，将公民类比为股东。正如AT&T的股东在AT&T出现盈余时感到高兴，这些人推断，当美国政府出现盈余时，美国公民也应该感到高兴。

这些人往往忽视了美国政府并不完全像一家大公司。更确切的比喻是，美国像一家有权向其股东征税的大公司。如果允许AT&T向其股东征税，它可能会获得巨额盈余——但股东们可能不会因此欢庆（他们也不一定会抱怨，因为他们的股票价值会随着缴纳税款的增加而增加）。当政府通过提高税收来减少赤字时，不要指望民众会为此高兴得手舞足蹈。

沿着太平洋沿海公路，在大苏尔以南，有一个地方叫翡翠湾。即使以世界上最美丽的地方的标准来看，这里的风景也非常壮观。你可以把车停在路边，然后往下爬300英尺（约91米），来到一个布满翡翠色石头的岩石海滩上。海水不断拍打这片海滩。涨潮时，滚滚的海浪会将海滩淹没，你必须爬上岩石才能防止被打湿。

凯莉为翡翠湾的美丽和刺激欣喜若狂。她站在高处，等待海浪退去后跳下来寻找宝藏，并在浪花来临前爬上高处。她常常能成功。如果海浪抓住了她，她也一定会大笑一场。

在翡翠湾的海滩上，你必须小心存放随身物品。如果放得不够高，强大的海浪会把它们卷到海里。

现在，我想让你想象这样一个场景：凯莉和我爬下海滩，把我们一模一样的风衣夹克并排放在一块岩石上。我已经安全地爬上了水线以上的岩石，并且没有被海浪打湿；凯莉收集了一口袋石头，但被海浪打湿了。我很暖，她很冷。直到离去，我们才注意到凯莉为她搜罗的宝藏付出了代价——她的夹克不见了，而我的夹克幸运地仍然在那里。

当我穿上夹克、爬上汽车时，我看到我可怜的孩子都快冻僵了。我希望能为她做点什么。要是大海拿走了我的夹克而不是她的，那该多好。

半路上，我们遇到了另一位旅行者——假设是你——并分享了我们的不幸遭遇，解释说我们的运气太糟糕了，不仅丢了一件夹克，而且大海还丢错了夹克，因为凯莉比我更需要夹克。

你会同情我们吗？还是说，你会建议我把夹克送给凯莉？

翡翠湾的故事包含你需要了解的有关国债的所有信息。政府就像海浪——它滚滚而来，带来礼物（石头或医疗保险福利）并索要物品（夹克或税）。就像海浪一样，政府反复无常。有时它会夺走我们的东西（比如增加我们的税收），其他时候它会夺走孩子的东西（比如当它增加债务时）。

抱怨政府拿走太多是有道理的，就像我希望海浪小一点，把两件夹克都留在沙滩上一样。但是，抱怨政府本应夺走我的"夹克"而不是夺走我孩子的"夹克"，这很愚蠢。

我完全可以把自己的夹克送给女儿，父母也完全可以通过给孩子钱用于支付税款（通常是将孩子添加到他们的继承人中）来避免税金提高对孩子的影响。

一位评论员说："政府债务让我以牺牲孩子为代价，过上更好的生活。"这可能揭露了真相。就像一位父亲说："反复无常的波涛让我以冻僵女儿为代价，保持温暖。"这样的陈述有时候对有些人来说确实成立。这里的"有些人"，是指那些不会把自己的夹克送给冻僵的孩子穿的人（或那些并不觉得孩子冻僵的人）。

但另一位评论员说："政府债务让我以牺牲孩子为代价，过上更好的生活。我不想要这样。"这可能是谎言。就像一位父亲说："反复无常的波涛让我以冻僵女儿为代价，保持温暖，但我不想要这样。"这样的言论在任何时候、任何人看来都是错误的。如果这位父亲真的不快乐，那他会把自己的夹克给女儿穿，同样，如果这名评论员真的不快乐，他会增加自己给孩子的遗赠。

这个有力的类比正确地表明，你可以轻易地从孩子背上卸下政府债务的"负担"。验证类比是否准确的唯一可靠方法，是看它是否经受住了数学计算的测试。这正是我们讨论方案一和方案二的目的。

你是否想说，确实，你想给孙辈多留100美元，问题是你没有钱？如果是这样，你应该强烈支持政府债务。原因如下：如果政府不借钱，就必须提高对你的课税。如果你真的没有钱留给你的孙辈，那么你也不会有钱交那些税。所以对你来说，政府债务的替代方案是坐牢。

一般来说，整个问题的关键在于政府债务降低了你要缴纳的税，因此你有更多资源提供给你的孙辈。有时人们无法理解这一论点，因为他们无法理解利息支付的作用。他们认为自己纳税100美元和下一代纳税110美元相比，后者要贵10美元。但这是错误的。因为你只需在今天存入100美元，就可以支付未来下一代的税单——这笔储蓄会在下一代等待继承的过程中增长。

在本章的开头，我假设你足够关心你的孙辈，并留下一笔遗产，然后计算政府债务，并得出结论：政府债务对你的孙辈没有影响。

那么，如果你不够关心你的孙辈，没有留下遗产，又会发生什么（当然在这种情况下，你也不会因为关心你的孙辈而抱怨国家债务）？让我们重新审视方案一和方案二。再次假设你在银行有1000美元，你计划花光每一分钱并且不留下任何遗产，同时假设政府决定花掉你的100美元。

以下是两个方案：

方案一：将税收提高100美元。剩下900美元你可以花掉，而你的孙辈出生时将没有债务。

方案二：借100美元。剩下1000美元你可以花掉，而你的孙辈出生时将背负100美元的债务。

在这种情况下，债务肯定会伤害你的孙辈。

这意味着，债务可以让你以牺牲你的孙辈为代价来致富，前提是你愿意这样做。如果你足够关心孙辈，留下了遗产，遗产就会随着政府债务一起增长；如果你不够关心孙辈，没有留下遗产，你的孙子就有困难了。

最后还有一个更微妙的问题：假设你关心你的孙辈，但我不关心我的孙辈。

当政府增加债务时，它会从我们的孙辈那里拿钱给我们。你不喜欢那样，所以你通过遗赠把钱还给了你的孙子。而我非常喜欢这样，所以我继续疯狂消费。新的问题是：我的消费狂欢会伤害你的孙辈吗？

好吧，这对他们的伤害肯定比不上你大肆挥霍时，所以这是一个次要问题。但它仍然值得解决。

答案是：由于我的挥霍，我的孙辈将拥有更少的资源。例如，如果他们是工厂主，他们的工厂也会比较小。

这会对你的孙辈产生怎样的影响呢？需要具体问题具体分析。如果他们来我孙辈的工厂求职，那他们无疑会受到伤害。如果他们自己拥有一个能与之匹敌的工厂，那么我今日的挥霍就会有利于你的孙辈，而不利于我自己的孙辈。

20世纪90年代的国家债务，就像20世纪80年代的核军备冻结：你甚至尚未形成对国家债务问题的清晰认知，就站在道德制高点上指责。更有甚者，对待债务问题，你光是站在道德制高点上还不够，还要指手画脚影响他人。

以下是我不时试图告诉我女儿的话的成人版翻译：道德上自以为是的冲动是没有吸引力的，但也许是不可避免的。最好的办法就是利用它来做好事。如果你一定要让自己比别人优越，首先就通过分析问题（在这种情况下，从简单的数字例子入手）来获得权利；然后，不是基于你的激情，而是基于你的理解力，来占据制高点。

第十六章
计算歧视

为什么黑人挣的钱比白人少？最简单的假设是雇主存在种族歧视。这个假设是否真的合理？我认为在解决此类争议时，算术大有帮助。

一些保守派评论员试图驳斥雇主歧视假说，指出歧视的代价高昂（因为要给白人工人支付额外工资），对关注公司盈利的雇主来说不具吸引力。

但这种反驳是欠考虑的，因为它假设雇主永远保持对利润的理性追求。同样简单的逻辑会（错误地）预测雇主从不搞裙带关系，公司高管从不偷懒。

这种反对意见缺少的是对歧视成本的估算。如果歧视让雇主损失了5%的利润，它可能就会继续存在——就像裙带关系一样；如果歧视的代价是10倍之多，它就不太可能存在。

我想从一些符合现实的假设开始，估算损失的成本。假设如下：首先，黑人占劳动力的10%；其次，黑人的收入是白人的60%；第三，（基于对现实世界的观察）就公司收入而言，每支付给工人1美元，就会有50美分支付给债券持有人和股东，即债券持有人和股东各得25美分。

为了使这些假设更具体，进一步假设你是一家公司的经理，雇用1名黑人和9名白人，你向这名黑人支付6万美元，向每名白人支付10万美元，工资总支出为96万美元。债券持有人和股东分别获得工人工资总额的1/4，即每人24万美元。[1]因此你的支出如下所示：

9名白人工人（每人10万美元）	90万美元
1名黑人工人（每人6万美元）	6万美元
债券持有人	24万美元
股东	24万美元
支出总计	144万美元

现在让我们假设，黑人和白人的工资差异完全是由歧视造成的，也就是说，即使黑人和白人的生产力相同，黑人的报酬也较低。然后，我们来估计这种歧视的成本。

这些数字揭示了两个事实。首先，歧视在整个行业中一定相当普遍；否则，黑人员工早就跳槽到另一家没有歧视的

---

[1] 这段假设中的具体数字无关紧要。如果假设你有100名员工而不是10名员工，或者假设工资为6000美元和10000美元而不是60000美元和100000美元，接下来的结论也不受影响。——作者注

公司了；其次，如果你抛开种族主义，只关注盈利能力，你就会用9名有同样生产力的黑人取代原本的9名白人[1]，工资成本也将从96万美元降至60万美元，共减少36万美元。

节省下来的36万美元去哪儿了？任何公司节约的成本都会进入同一个地方——股东的口袋。股东的收益一夜之间增加了150%（从24万美元增加到60万美元）。你目前的支出如下所示：

10名黑人工人（每人6万美元）	60万美元
债券持有人	24万美元
股东	60万美元
支出总计	144万美元

当股东回报增加150%时，公司股票的价格也必然上涨150%。这足以让你成为本世纪的金融天才，登上《时代》（*Time*）杂志封面。所以，继续歧视就是放弃获得前所未有的财务成功的机会。

事实上，同行业内所有公司经理都有这种机会，而他们竟然拒绝了（请记住，歧视必须普遍存在，否则所有黑人都会跳槽到没有歧视的公司）。因此，为了相信歧视是黑人和

---

[1] 找到那9名黑人并不难，因为我们已经对黑人一定在整个行业中遭受"歧视"达成一致。所以，你当然可以通过提供略高于6万美元的黑人工资吸引9个人来到你的公司。——作者注

白人工资存在差异的原因，你必须相信整个行业的管理者都被种族主义蒙蔽了双眼，以至于他们愿意放弃150%的股东收益，以及自己将收获的整个华尔街的赞誉。我个人觉得这令人难以置信。

150%是合理假设，但并非铁定。如果对这些初始假设稍加调整，你最终得到的结果不是150%，也不一定能发现可能存在的歧视（我猜你不会，话又说回来，我们可能对什么是合理的有不同的标准）。不管这个实验结果如何，它都是值得进行的。如果没有这样的实验，我们根本无法知道歧视是不是一个可信的假设。

考虑到计算结果，我们很清楚，那些相信存在雇主歧视的人，不仅相信某些公司经理正在放弃一个巨大的盈利机会，而且必须相信所有公司经理——或者至少是所有继续雇用大量白人的经理——都在放弃类似的机会。

你可能会反驳，盈利机会是一种幻觉，因为如果经理们试图抓住这个机会，他们就会将黑人的工资抬高到白人的水平，如此一来，盈利机会就会消失。但这并不能解释为什么没人抓住这个机会。你不能因为把2万美元扔在纽约街角它会很快消失，就说没有人会捡到这笔钱。

我一直认为，歧视的成本高得令人难以置信。假设我错了，假设种族主义根深蒂固，以至于大量的公司管理者愿意为此付出代价。

同时，假设你克服了这种根深蒂固的偏见并以6万美元的价格为公司雇用了黑人员工，你还算是歧视黑人吗？有些人会说是的，因为你付给黑人6万美元来做一份实际价值10万美元的工作；其他人会说不，因为你的招聘行为不是出于种族仇恨，而是出于盈利目的。

在我看来，这个论点是语义学相关的，而且可能无法解决，但有一点我们可以达成共识：无论你如何定义歧视，拒绝雇用黑人肯定比以6万美元的价格雇用黑人更具歧视性。而且，无论你如何定义歧视，关键是，如果你的种族歧视程度低于他人，你最终会拥有很多黑人高管，并为你的股东带来36万美元的利润；反之，如果你的歧视程度与其他人相当或更甚，那么你就是在放弃获利。因此，歧视会受到市场的严厉惩罚。

谁是歧视的最大输家？你可能认为是黑人员工，因为他们被合适的职位拒绝了。其实股东也是输家，因为他们无法得到这些黑人员工的服务。事实上，股东往往比员工损失更多。在这个例子中，每一名黑人员工损失的不过是4万美元，而股东承担的歧视成本是36万美元，高达9倍之多。

如果公司管理者因为痴迷于凡·高（Van Gogh）的油画，给股东造成数百万美元的成本损失，所有人都会意识到股东的财富正在被掠夺。当这些管理者以数百万美元的代价放纵他们对种族歧视的个人喜好时，股东也正以类似的方式成为受害者。

你可能想争辩说，股东有责任密切关注管理层的行为，而且他们应该为未能做到这一点付出合理的代价。如果股东能够密切关注公司发生的一切，他们就不需要聘请职业经理人了。这些职业经理人的工作是为股东赚取利润，如果他们放弃赚取利润，那么股东无异于遭到了抢劫。

我认为这种抢劫的规模巨大，以至于难以想象它为什么会发生；换句话说，黑人与白人的工资差异必须有某种不涉及歧视的解释。如果我的看法是错误的——如果歧视确实是一种显著现象——那么股东比员工更值得我们同情。

当一家大公司的管理层被指控种族歧视时，民权组织有时会呼吁消费者抵制该公司的产品。抵制会降低公司利润，但它惩罚的不是管理层，而是股东。股东不是真正的施暴方，而是主要受害者。同样，向黑人雇员支付补偿金也极具讽刺意味，因为它们来自股东的口袋，这无疑会使股东成为双重受害者。

1996年，美国德士古石油公司（Texaco）管理层承认在雇用和晋升方面存在歧视，并同意向黑人员工赔偿1.76亿美元。但这并不能证明该公司存在歧视，可能只是因为虚假供述和快速赔偿比在法庭和媒体上进行持久战更便宜、更容易。如果供述是真实的，并且1.76亿美元是应得的，那么该公司的管理层应该也向股东支付相应的赔偿——这笔钱不应该来自公司金库，而应来自那些欺骗了投资者的职业经理人的口袋，因为他们未能雇用最划算的劳动力。

如果我们排除雇主歧视，那么黑人与白人的工资差异肯定存在其他解释。

例如，假设存在歧视的不是雇主，而是顾客，他们愿意为白人生产的商品和服务支付额外费用。为了使该观点更能服众，你必须估计溢价的大小，并评估消费者是否愿意为此付出合理的代价。我请读者自己计算一下。

合理溢价因行业而异。在计算机硬件领域，很难想象会有任何溢价，因为工人对于消费者来说基本上是隐形的——你知道组装磁盘驱动器的工人种族吗？在理发店，你可能面临更高的溢价，具体数额我们也不清楚，因为即使很多顾客存在种族歧视，黑人理发师仍然能够为非种族主义者服务。

在美国职业棒球大联盟中，球员一眼就可以被看见，又无法挑选球迷，因此球迷歧视的可能性大得多。事实上，有一些证据表明这种情况真实存在：黑人大联盟球员的表现通常优于白人球员，这表明黑人成为专业球员的门槛要高于白人。

还有一种观点认为，黑人收入更低不是因为受到雇主或顾客的歧视，而是因为他们的同事。根据这一理论，黑人在不得不与其共事的白人心中播下不满的种子，因此他们的价值较低。如果这种观点是正确的，可以预见，雇主会通过全部雇用同种族的劳动力来避免这个问题——一些公司全是黑人，而另一些公司全是白人。

另一种观点认为，黑人收入较低是因为他们可以在市场上发挥的技能较少。这种观点有两个版本。第一个版本认为，每个工人的报酬是根据他个人的技能而定的，而黑人的技能（平均而言）比白人少；第二个版本认为，每个工人的报酬是根据雇主对其技能的合理期望而定的，而雇主（正确且合理地）期望黑人的技能少于白人。根据第一个版本，高技能黑人的报酬应该与高技能白人一致；根据第二个版本，高技能黑人的报酬较低，尽管其原因与种族主义无关。

这种观点的两个版本都需要解释，为什么黑人可以在市场上发挥的技能较少。能否成为某个岗位的候选人，关乎一个人的选择、接受的培训，以及遗传。

"选择"意味着出于某种原因，黑人自愿习得的技能比白人少（如果黑人预料到自己在劳动力市场上会受到歧视，那么这种做法就是合理的，因此说，选择的影响可能会放大歧视的影响）。但这种情况似乎与一些重要证据不符合。根据芝加哥大学（University of Chicago）的德里克·尼尔（Derek Neal）和弗吉尼亚大学（University of Virginia）的威廉·约翰逊（William Johnson）的研究，黑人与白人的工资差异在很大程度上是由技能水平导致的，这种技能水平差异在早期就已经显现［理查德·赫恩斯坦（Richard Herrnstein）和查尔斯·莫里（Charles Murray）在他们的畅销书《钟形曲线》（*The Bell Curve*）中分享了类似的发现］。只有当六岁的孩子在决定是否掌握乘法口诀表之前就仔细考虑未来的就业前景，才符合理性选择的要求。我支持理性选择模型，但我对此并不狂热。

这为黑人与白人的工资差距留下了两种可能的解释——培训和遗传（更准确地说，培训和遗传解释了为什么技能差距会导致工资差距）。[1]赫恩斯坦和莫里认为遗传起着重要

---

[1] 技能水平和工资之间的关系很大，但这种关系最近才出现。在过去的几十年里，就业市场才开始为通过标准化测试的各种技能支付高额费用。没有人知道是什么导致了这种变化，尽管它显然和技术革命相关。——作者注

作用，但尼尔和约翰逊的发现倾向于驳斥这种解释。一方面，尼尔和约翰逊在报告中指出，在标准化智力测验中，黑人成年人和白人成年人（尽管都很年轻）的表现差距，比青少年之间大得多，但很难解释这种差距是否由于遗传（为什么智力的内在差异会随着时间的推移变大）。[1]如果这种差距是由培训引起的，就不足为奇了（如果黑人接受的教育较差，那么对比十年教育和六年教育，前者造成的差距肯定更大）。

许多研究仍有待完成。虽然大多数对歧视的研究都涉及复杂的方法论和精确的测量，但只要我们用开放的心态探究其根本逻辑，就能得到答案。

---

[1] 事实上，赫恩斯坦和莫里的大部分论点都基于这样的论断，即这些考试成绩衡量的是不受培训影响的遗传能力，但尼尔和约翰逊的研究质疑了这种论断。——作者注

第十七章
守恒算法

第十七章 守恒算法

我们欠子孙后代什么？

这个问题很难回答，除非我们能直面另外一个更普遍的问题：人们之间相互亏欠什么？

经济学家版本的黄金法则给出了一个可能的答案：如果花费1美元带来的集体利益超出了这1美元本身，那么就应该花这笔钱。

根据黄金法则，如果1美元能保护一片对未来101代中的每一代都值1美分的森林，那么花这1美元就是值得的。

不幸的是，我们出于自私可能不会花掉那1美元，原因有二。第一，我们不能向未出生的101代人收费，所以我们可能也不在乎他们是否愿意支付每人1美分以求出生。但这个问题是有解的：只要这片森林未来的所有者能够获得那些钱，这些价值就将体现在森林当前的价格中。这是因为，未来这片森林的每个所有者都必须从以前的所有者那里购买森林，而且前一任所有者在决定为买下森林而付费时，一定会考虑其转售价值。

第二个原因更深入，为了说明这个原因，我们假设：世代间隔为一年，而每年的利率为4%。所以，森林的售价是25美分。为什么？因为森林每年要返还1美分的出生费，而25美分每年的利息正好是1分钱。所以，这片森林的价值为25美分——不多也不少。但是，没有人会愿意花1美元去保护一片只卖25美分的森林。黄金法则呼吁人们保护森林，但利润动机削弱了黄金法则。

如果黄金法则是你判断什么值得保护的标准呢，那么只要利率还是正数，森林就无法得到保护。利率越高，问题越严重。如果利率为10%，森林将只值10美分，因为10美分也能带来每年1美分的回报。在那种情况下，没有人会花超过10美分来保护森林。

也许黄金法则是一个错误的标准呢？毕竟，黄金法则意味着如果我能花1美元为比尔·盖茨做他认为价值1.01美元的事情，我就有义务去做。但是许多人并不认可这个义务，因为1.01美元对比尔·盖茨的价值，低于1美元对我的价值。换句话说，如果存在财富差异，人们就会认为黄金法则并不适用。

那么，我们应该使用什么规则？为此，我们需要量化我和盖茨之间的关键区别：盖茨的1美元相当于我的90美分还是50美分？或是10美分？抑或1美分、半美分？

以下是一些假设：

假设一：1美元的价值与你的财富成反比。因此，当你的财富翻倍时，1美元就只值原来的一半价值；当你的财富是原来的3倍时，1美元就剩1/3的价值，以此类推。

假设2：1美元的价值与你财富的平方成反比。因此，当你的财富翻倍时，1美元就值原来1/4的价值；当你的财富是原来的3倍时，1美元就剩1/9的价值，以此类推。

假设3：1美元的价值与你财富的立方成反比。因此，当你的财富翻倍时，1美元就值原来1/8的价值；当你的财富是原来的3倍时，1美元就剩原来1/27的价值，以此类推。

…………

通过观察人们愿意承担的风险，我们可以知道哪个假设是正确的。如果正确的假设在列表中较为靠后，人们就会冒很高的风险以期获得高回报；如果正确的假设在列表中较为靠前，人们就会更加谨慎。

大量证据（例如人们在保险市场中的行为方式）表明，正确假设介于假设1和假设5之间；假设10被认为是合理的上限。唯一的例外是金融市场，人们愿意持有债券而不是股票，尽管从长远来看股票的表现好得多。这似乎反映了一定程度的风险规避，其程度类似假设30[1]。总的来说，假设3是比较合理的。

就森林保护而言，我们必须弄清楚，我们的后代会有多富有。假设人均收入（对通货膨胀进行校正后）以每年1.5%左右的速度增长是合理的（按照历史标准，这可能有点低，但2%会有点高），在这种情况下，一年后出生的人将比你富有1.5%，因此（根据假设3）1美元的估值将比现在少4.5%。[2]

提醒一句，通常当人们谈论美元贬值时，他们谈论的是通货膨胀，但目前的讨论与此无关。此处讨论的美元贬值，是因为人们变得更富有。价值下降4.5%，超过了通货膨胀引起的任何变化。

从这些数字来看，对黄金法则的合理修正表明，只有当森林为子孙后代带来每年至少4.5美分时，才值得我们花1美元保护森林。换言之，我们不需要为子孙后代认为价值不到1美元的东西而牺牲现在的1美元。

假设扣除通货膨胀后利率为4%，那么逐利者将花费1

1　如果在70年前把1000美元投资于债券，今天它的价值约为1.3万美元；如果投资于股票，则价值约为85万美元。假设30可以解释债券持有，而假设5足以解释几乎其他所有与风险相关的行为，这被经济学家称为股权溢价悖论。——作者注

2　以下是我的计算方法：明年，孩子的收入将是你收入的1.015倍。根据假设3，1美元的价值是你所做工作的$1/(1.015)^3$倍，差异大约为4.5%。——作者注

美元来保护每年带来超过4美分回报的任何森林。如果森林的回报超过4美分但低于4.5美分，就会导致人们保护太多的森林。在这种情况下，利润动机导致我们为子孙后代付出过多。

一般来说，我们用r表示利率（对通货膨胀进行校正时，如果债券收益为7%且通货膨胀率为3%，则$r=4\%$），用g表示人均收入的增长率（再次针对通货膨胀进行校正，g可能在1.5~2），用s表示关于风险规避的真实假设的数量（可能在1~5）。如果$r>g \cdot s$，追求利润最大化的企业家就无法保护足够的森林；如果$r<g \cdot s$，追求利润最大化的企业家就会保护过多的森林。

当然，这里的"不足"和"过多"要根据修正后的黄金法则的伦理要求来解释——这条规则认为我们应该考虑这样一个事实，即森林对富人的价值低于对穷人的价值。

数学无法揭示修正后的黄金法则是否符合正确的道德标准，但它确实阐明了这一法则或我们想要应用的其他道德标准的后果。换句话说，数学使人诚实。这可不是小事。

经济增长将使子孙后代更加富有，从某些道德标准来看，我们为子孙后代牺牲的义务也会减少。当然，也可能存在其他道德标准。

任何关于代际伦理的讨论，都必须考虑到经济增长的性质和来源。霍勒斯·曼于1845年撰写了一篇文章，其内容（尽管风格更胜一筹）与现代教科书中的内容基本相同：

> 马萨诸塞州的财富和繁荣并非源于自然位置或资源。这里土壤贫瘠、气候恶劣，这些财富并不是来自自然的馈赠，而是来自人们的聪明才智和节俭。它们源于优秀的思想及将其付诸行动的人。

今天的教科书将经济发展归因为技术进步和资本投资的结合——换句话说，就是人们的聪明才智和节俭。我们的后代将因此获益，所以我们是否对他们有所亏欠？这是一个微妙而困难的问题，需要审慎思考。

第十八章
女儿教给我的金钱知识

第十八章 女儿教给我的金钱知识

凯莉八岁时,她就人生中最重要的事情给我做了很长的演讲。她解释说,爱很重要,钱无足轻重。

"好吧,"我说,"我认为有很多人不太在乎钱,这很好。老实说,我不认为你是其中之一。在我看来,你很享受购物。"凯莉摆出她标准的愤怒姿势(双手叉腰,眯着眼睛)说:"爸爸,我喜欢逛街买东西是为了摆脱钱!"

对,凯莉,你完全正确。爱钱和爱财完全不同。守财奴史高治·麦克达克(Scrooge McDuck)[1]爱钱,他把钱藏在保险室里,每天晚上都要在那里欣赏自己的钱财;小富豪里奇(Richie Rich)[2]的父亲和麦克达克一样享受财富,但他爱的是豪宅、艺术品和仆人的服务,而不是金钱本身。凯莉想成为里奇先生。

当然,凯莉有权选择自己的喜好,值得指出的是,如果

---

[1] 迪士尼动画人物,是一只戴着高帽子和眼镜,穿着红色衣服和蓝色鞋套的鸭子。——译者注

[2] 电影《财神当家》(*Richie Rich*)的主人公。——译者注

她想成为一个好邻居,她最好效仿史高治·麦克达克而不是里奇。当里奇和他的父亲建造豪宅时,他们使用的砖块、砂浆和水泥本可能用于建成医院、社区中心或住宅。[1]他们雇用的泥瓦匠、木匠和电工本可能受雇于修路、建购物中心,或者——经过一点培训之后——造汽车。只有里奇一家和他们的客人才能享用宴会上提供的食物,他们的私人飞机使用的燃料永远不会用于社区房屋供暖。

但是,守财奴史高治沉浸在他的美元钞票中,邻居们唯一会损失的是大量廉价纸。只要他把钱囤起来而不是花掉,就会有更多的砖瓦、水泥、工人、食物和燃料供邻居享用。

有些人的看法恰恰相反:他们认为奢侈消费会带来繁荣,而守财奴史高治则会成为社会的负担。凯莉太老练了,不会被那些谬论所迷惑。她知道钱不重要,重要的是你用钱买的东西。史高治买得越少,他的邻居买得就越多;他的邻居买得越多,就会越开心。

如果史高治拒绝让他的钱流通,邻居们怎么能负担得起这些东西呢?答案是:通过让钱退出流通,史高治导致商品的价格下跌,这使得其他人的钱用处更多——事实上,不过

---

[1] 或许砖块本身是为了满足里奇的需求而生产的,但砖块是由本可以用于其他用途的劳动力和原材料生产的,所以这一点仍然成立——当里奇拥有更多时,邻居拥有更少。——作者注

是让他们有能力购买史高治放弃的所有奢侈品。

里奇用他的钱换取商品和服务；通过压低价格，守财奴史高治会提高你的钱的价值，而不是换取任何东西。我更喜欢后者的交易。

里奇家族的许多仆人则不这么看。他们知道，他们的工作和高薪都归功于里奇父亲的挥霍无度。但凯莉看得更远：如果这些高薪的仆人可以购买更多，那么其他人必须购买更少。当里奇的私人管家加薪时，他可以要求获得一块更大的馅饼，但馅饼本身并没有变大。[1]

相比之下，史高治将他的钱放在金库里，帮了他邻居一个大忙。如果有一天，他改变主意开始花更多的钱，那对住在鸭堡[2]中的居民来说这是悲伤的一天。根据算术法则，如果史高治买了10个牛油果，那么当地某些居民就必须少买10个牛油果——或者10个居民每人少买1个牛油果。经济学定律阐明了细节：史高治的购买抬高了牛油果的价格，直到某个地方有人决定少买。

牛油果价格上涨会产生三种影响：牛油果爱好者伤心，牛油果种植者庆祝，口袋里有钱的居民们看着自己口袋里的

---

[1] 馅饼也是可以变大的，而且经常会变大，但增长需要一些生产性活动。花钱不是一种生产活动。——作者注

[2] 鸭堡（Duckburg）是动画中麦克达克等鸭的居住地，是一座高度发达的国际大都市。——译者注

钱因牛油果驱动的通货膨胀而贬值。鉴于鸭堡整体上很繁荣，第二个影响抵消了第一个，但第三个仍然存在。货币持有人的净损失与史高治消费的10个牛油果的价值相等。

即使史高治把他所有的钱都捐出去，他也不能让他的邻居（平均而言）变得更富有。得到钱的人会更富有，但他们与典型的守财奴不同，他们会尝试花掉它。这会抬高商品的价格，普通居民也无法比以前更富有。

这意味着，守财奴史高治不可能放弃财富（相对于金钱）。原因很简单：他已经用他所有的财富换取钱装满了金库，没有什么可以放弃的了。

从这个意义上说，守财奴史高治是一位伟大的慈善家，里奇家族中绝不会出现这样的人。我并不是说里奇家族的生活方式应受到谴责。据推测，里奇的父亲做了一些有价值的事情创造财富，所以按自己的心意花钱是他的权利。与里奇不同的是，史高治做了一件非同寻常的事：他创造了巨大的财富，却一无所获。

因为研究的是漫画而不是《华尔街日报》，所以凯莉对货币经济学的理解比谐和联盟的普通成员要深刻。许多社论作家不明白的道理，她却明白——囤积美元的外国公民是在帮助美国人。把纸币送到日本换一辆丰田汽车，就像寄一封信到北极，然后在圣诞节得到想要的礼物。只要日本有人想持有这笔钱，你的丰田基本上就是免费的。当然，你个人不会享受免费，但对美国人这个整体而言是免费的。当丰田接受你的美元并停止其流通时，美国商品的价格就会下降，你的美国邻居就会得到与你购买汽车的价格相等的意外之财。

不可否认，价格是在不知不觉中下降的，你每个邻居的获益也相应地难以察觉。微不足道的获益乘2.5亿个美国人，计算出来的价格等于一辆丰田汽车的价格。最终，你花了2万美元，你的邻居得到了2万美元的意外之财，而你得到了一辆丰田，整个国家变得更富有了。

当然，可以肯定的是，在日本的贸易伙伴最终会花掉他们囤积的美元，到那时我们的意外收获就会消失。他们像守财奴一样保有这笔钱的时间越长，我们享受意外之财的时间就越长。当他们开始像里奇家族一样行事、购买我们的商品时，这笔意外之财就消失了。

这与传统的成人智慧恰恰相反，根据成人智慧，需要我们宝贵资源的贸易伙伴会让我们走向繁荣，而想要把自家金库填满的贸易伙伴则会让我们走向毁灭。这种传统智慧恰恰源于成人混淆了金钱和财富。如果凯莉发现你犯了这个错误，她一定会愤怒地指出。

第十九章
女儿教给我的贸易知识

第十九章 女儿教给我的贸易知识

凯莉一年级的时候，一个同学养了一只仓鼠，那只仓鼠又生了很多只小仓鼠。小仓鼠们被带到学校后，很多学生都想认领。于是，老师根据孩子们的喜爱程度和仓鼠的长期利益决定它们的归属。

凯莉很幸运，没有任何人竞争她心仪的仓鼠。那晚，我告诉凯莉，她刚刚重新发现了古典经济学中的一个关键原则——与众不同是值得的。如果你喜欢的东西不受别人欢迎，你就可以低价购入；如果你不想要的东西很受别人欢迎，你就可以把它们高价卖出。

在品位上与众不同和在才能上与众不同，都是有益的。如果全班有一半人演奏单簧管，那么唯一的大号演奏者最有可能进入管弦乐队。

这就是为什么我们可以从跨国贸易中获益良多。不仅是因为你获得了很多新的贸易伙伴，而且这些贸易伙伴与你截然不同。如果本田制造汽车的方式与福特制造汽车的方式完全相同，美国人就不会真正关心他们从本田购买汽车还是从福特购买汽车。正是美国车和日本车之间存在的区别，使日本车成了一个有价值的选择。

美国企业高管对中国庞大的市场规模垂涎三尺。在关注中国市场的规模时，他们忽略了一个重要的点——中国不仅人多，而且与美国人不同。如果中国的动画师和迪士尼的动画师一样优秀，迪士尼在中国就不会有市场。美国人生产大片的效率比中国人高，而中国人生产丝绸衬衫的效率比美国人高，这创造了巨大的机会。

这也是为什么尽管各方都从国际贸易中受益，但受益最大的还是小国。普通美国公民和普通墨西哥人之间存在显著差异。当贸易协定使边界两边的人更容易利用这些差异时，合并后的北美市场将由人数更多的美国公民主导。这对墨西哥人来说是个好消息，因为在这个市场中，他们与大多数交易者截然不同。

举个例子：假设没有国际贸易，咖啡在墨西哥的售价为每磅3美元，在美国的售价为每磅7美元。现在，如果我们突然开放边境，创建单一的北美咖啡市场，那么咖啡价格将稳定在3~7美元之间。从墨西哥的角度来看，这是价格上涨，因此有机会通过销售咖啡获利；对于美国公民来说，这是价格下降，因此有机会以便宜的价格购买咖啡。普通美国人和普通墨西哥人都能获益。

但谁收获最大？由于美国主导市场，新价格可能更接近7美元而不是3美元。这意味着墨西哥人获得了巨大的获利机会，而美国人只能享受价格略微降低。由于墨西哥人少于美国人，开放后的均价会更接近美国原来的价格。

18世纪伟大的经济学家亚当·斯密（Adam Smith）强调，贸易通过专业化让人受益。换句话说，如果我和我的妻子每人都想做一打糖霜纸杯蛋糕，那么我们中的一个人烤两批纸杯蛋糕，另一个人准备两批糖霜，是合理的。即使我们同样擅长烘焙，也同样擅长制作糖霜，情况也是如此。因为重复做某事两次，比做两件事但每件事只做一次要简单。

19世纪伟大的经济学家大卫·李嘉图（David Ricardo）强调，贸易优势因贸易伙伴之间的差异而被放大。如果我比妻子更擅长做面包，而她比我更擅长做糖霜，我们的交易就会变得更有回报。[1]

李嘉图对差异的强调是经济学教科书里的标准内容，我很高兴能够在凯莉拥有新仓鼠之际与她分享这一点。她知道她得到了最喜欢的动物，是因为没有其他人喜欢它；就在这

---

[1] 其实，李嘉图的见解更深刻。即使我做面包和做糖霜的技艺都比妻子好，我仍然可以通过与她交易来获利。通过让她做糖霜（我只是稍微好一点），我可以自由地做更多的烘焙（我做得更好）。一般来说，只要人或国家具有不同的能力，这些差异就会创造互惠互利的贸易机会——即使一方在所有方面都优于另一方。——作者注

一天,她发现与众不同是值得的。

为了说明这一点,我问她,是愿意和一个爱好与她相似的人交换伯格卡[1],还是和一个爱好截然不同的人?这是我在大学考试中经常会问到的一个问题,只不过在问凯莉的时候稍加变化,让这个问题更适合小孩。凯莉选择了与她相似的贸易伙伴,这是一个错误的答案。但是,不像我的很多学生,她得出错误答案的原因比较有趣。

首先,她解释说,与愿意和你进行交易的人打交道没有任何挑战。在伯格卡交易中,似乎所有的乐趣都来自识别和利用细微(且罕见)的意见分歧。当凯莉意外地发现她的朋友杰西卡愿意放弃凯莉梦寐以求的丽莎·辛普森(Lisa Simpson)卡时,两个女孩都欣喜若狂。如果凯莉与喜好完全不同的萨曼莎(Samantha)交易,那么交易肯定更成功,但不会有惊喜。

这个见解确实让我耳目一新,但我认为它不太可能在伯格卡交易市场之外产生重要影响。很难想象人们选择最昂贵的杂货店只是为了偶尔能淘到便宜货,不去折扣店的唯一原因是打折太频繁。

---

[1] 对于那些年纪太大或太小不知道伯格卡游戏的人来说,伯格是一种小纸板,上面有一些流行文化中的英雄或人物形象。在我描述的事件发生时,一场疯狂的伯格卡交易已经将全国各地的小学操场变成了即兴交易大厅。最近,狂热似乎已经减弱。——作者注

随着我们继续讨论，凯莉迫使我面对另外两个我认为在贸易理论中很重要的问题，尽管它们不是标准的教科书内容（至少在我教授的二年级课程中不是）。

首先，她争辩说（虽然不完全是用这种语言），拥有一个能够准确预测你的需求的贸易伙伴是很有用的。也许萨曼莎觉得丽莎·辛普森这张卡没有用，乐意低价出售，如果萨曼莎与凯莉截然不同，她可能永远不会想到丽莎·辛普森卡有任何价值，所以她可能不会费心交易它。更极端地说，这意味着在截然不同的文化之间开展贸易可能很困难，例如美国制造商很难预测非洲村民的喜好。

其次，她认为萨曼莎和她所有的朋友一样，首先是一名伯格卡收集者，其次才是一名伯格卡商人。这很重要，因为这意味着萨曼莎倾向于携带她喜欢的伯格卡，而不是她认为凯莉想要购买的伯格卡。但是萨曼莎喜欢的伯格卡对凯莉没有什么吸引力，所以她能提供给凯莉的东西很少。

这种分析与教科书中的内容大相径庭。教科书假定你的贸易伙伴会出现，并试图出售你喜欢的东西，而不是他喜欢的东西。在这种假设（我认为大部分情况下是正确的）下，拥有一个与你有共同偏好的伙伴并没有什么好处。但在特殊情况下（如对方是收藏家）就完全不同了，因为收藏家非常喜欢携带反映自己喜好的商品。在那种情况下，你可能想找一个喜欢和你做同样事情的伙伴。

凯莉在一定程度上是对的。我收集现代诗歌书籍,更愿意与另一个诗歌爱好者而不是"克利夫笔记"的收藏者交换书籍。换句话说,我想要一个和我相似的贸易伙伴,但绝不会和一个与我一模一样的诗歌爱好者交换书籍。如果我们都认为,狄兰·托马斯的第一版书需要用三本约翰·贝里曼(John Berryman)的书交换,那么我们就很难达成交易。[1]因此,至少有所不同还是值得的。

我女儿在伯格卡市场的经历难以颠覆国际贸易理论基础,也无法反驳李嘉图的基本见解,即作为一般规则,差异是成功交易的关键。但她确实发现了一般规则的一些有趣例外。这些例外非常微妙,以至于将它们完全纳入正式的经济模型,可能是研究生的一项重要研究项目;它们也足够有趣,这样的项目可能是值得研究的。请你仔细聆听,孩子们说的话有时确实发人深省。

---

[1] 实际上,这并不一定是无望的。如果我们每个人都有一本托马斯的书和一本贝里曼的书,并且如果出于某种原因我们每个人都希望拥有两本相同的书,那么交易就会有好处。我会拥有两本托马斯的书,我的朋友会拥有两本贝里曼的书,反之亦然。一般来说,如果两个人爱好相同且追求多样性,那么他们无法从贸易中获益。——作者注

第二十章
给经济学家女儿的建议

第二十章 给经济学家女儿的建议

除非你热爱你正在做的事情，否则试图取得成功是没有用的。你将永远与那些热爱他们所做的事情的人竞争。除非你像他们一样热爱你正在做的事情，否则你不太可能聚集足够的能量获得成功。

如果你没有犯错，就说明你没有承担足够的风险。如果你未曾从自行车上摔下来，就说明你没有获得足够的乐趣；如果你没有误机的经历，就说明你在机场等候的时间太长。

警惕那些告诉你要吃天然食物因为它们健康的人。这些人从未听说过毒蘑菇吗？

事实是，"天然"食物来源于在自然选择中幸存下来的生物。在自然界，致命也是一种优势。"人造"食品是为在市场上生存而设计的。而在市场上，有营养是一种优势。

警惕那些吹嘘"法律威严"的人。

在我们居住的美国纽约州，加油泵上那个"咔嗒咔嗒"的小东西是非法的——当你去检查机油时，你需要靠它们保持汽油流动。曾几何时，纽约州的某位立法者召集了同僚，告诉他们"我们必须对此有所作为"，而这些同僚纷纷表示赞同，认为应该对此"审慎"考虑。这就是"法律的威严"。

不要误以为强硬地讨价还价是在做好事。在讨价还价的最后阶段，你冒着破坏整个交易的风险。谁最愿意冒这样的风险？当然是那些在早期阶段放弃太多的人。到交易的最后阶段，最锱铢必较的讨价还价者是那些一开始表现最糟糕的讨价还价者。

掌控自己的生活。向专业人士询问专业知识，而不是主观意见。

没有医生有资格为你的医疗问题开药方，只有你自己知道愿意接受哪些风险，以及愿意为了健康做出哪些牺牲。医生可以帮助你了解不同治疗方案的成本和收益，但只有你才能权衡这些成本和收益。让医生为你选择药物，就像让服务员为你选择晚餐主菜一样。

让你的投资策略和生活都实现多样化。

很多人并没有他们想象的那么多样化。他们持有在自己家乡有影响力的公司的股票，但这常常是错误的：如果公司陷入困境，你的股票和房产都会受到影响。

凯莉，如果你能以每加仑7美元的价格出售水，那么请牢记，卖水的时候1分钱也不能少收。这不是因为我想让你赚很多钱（我有一种感觉，你更适合稳定的职业），而是因为你的社会责任感会让你把水提供给最迫切需要它的人。如果你收取的费用低于市场能承受的价格，那么真正需要水的人就无法获得它。

当我还是个孩子的时候，我曾经看到一群孩子试图爬上几英尺高的电线杆。他们实际并没有爬多高，但他们在尝试中获得了很多乐趣。

几分钟后，住在附近的一个女人从家里出来，把孩子们赶走了。

那天晚上，我和我的兄长聊了这件事。他当时大概16岁。我问他，为什么那个女人把孩子赶走，是不是有一些我不知道的危险？

他的答案是我童年最生动的回忆之一。他耸耸肩说："有些人就是见不得别人玩得开心。"

我认为，这在很大程度上解释了为什么我们的政府如此庞大，税收如此高昂，以及生活如此规范。有些人只是见不得其他人过得愉快。永远不要低估这种力量。

不要在上学的时候就做暑期工，除非你没有地方可以借钱。年轻、没有技术的时候去工作是很不值得的，几年后同样的努力会得到更多的回报。学生时代就要好好学习，在16岁学习某样东西相比在26岁学习同样的东西，意味着你会多了解它10年。

当你选择一所大学时，试试这个思想实验：想象你走进一个客厅，一小圈人正在热烈而兴奋地交谈着，其他几个人则静静地坐在一旁。如果想知道谈话的内容，你更愿意问谁？如果你认为参与者比旁观者给的答案更准确、更有吸引力，那么你应该去一所由在职研究人员给你上课的大学。

判断一个人的价值观是否有吸引力的一个好方法是照镜子。当有人告诉你，卖家寻求高价不道德，你可以反问他，买家寻求低价是否不道德。

获得最大回报的不是那些执行必要任务的人，而是那些弄清楚哪些任务是必要的、然后执行它们的人。

永远不要停止探索生活的不同可能性，即使你最终回到了起点。旅途中的经历比到达终点本身更重要。

不要选错人生伴侣，就像不要选错汽车。选错产生的成本，有可能超过它们对你的价值。

对于很多人来说，理想伴侣可能只是接近理想。这意味着你要做出让步才能得到并留住这个人，这些让步涉及生活中的诸多问题，可能是生几个孩子，也可能是今晚谁做饭。完美的丈夫是一件奢侈品，代价高昂。大多数代价高昂的奢侈行为，最终往往显示是一个错误。

写下你自己的婚前协议（当然，和你的人生伴侣一起）。大多数人不这样做，这让已故的诺贝尔经济学奖获得者乔治·斯蒂格勒（George Stigler）感到沮丧。他坚持认为，那些懒得讨论婚姻细节的人贬低了婚姻这一伟大的制度。

如果没有婚前协议，你将受到婚姻和共同财产相关法律条款的限制。这侮辱了人类的尊严。法律实际上赋予你的配偶对你的储蓄征收50%税的权利，但不允许对其他任何活动征税，例如对你的收入、支出或闲暇时间。如果你在泳池边躺了一个小时，法律认为这没问题，你没有失职。如果你花同样的时间赚钱储蓄，你就会突然有责任与配偶分享这些储蓄。这不仅不公平，而且大错特错。

如果你有机会赚到10美元，那么这种机会可能会带来一种道德义务，即你需要向配偶支付一部分。如果该义务确实存在，你要如何选择忽略机会来完全免除这种义务？如果不存在这种义务，那么所谓的夫妻共同财产就是一种盗窃。

夫妻共同财产和累进所得税一样令人厌恶，其原因完全相同。首先，夫妻共同财产意味着你的道德责任会因你的选择而改变，即使这些选择在道德上无关紧要；其次，夫妻共同财产意味着你的道德责任是无限的，你无法因为光荣地履行职责而免除进一步的责任，夫妻共同财产没有上限。

如果你对此不以为然，那么考虑一下：声称拥有他人收入的人，通常不会很有吸引力。声称有权占有你收入的人不适合做租户，更不适合成为生活伴侣。

婚后分担家务时，请记住这个原则：如果你和你的丈夫有相似的技能，那么分担家务没有任何好处。你只是将任务从一个人重新分配给另一个同样能出色完成任务的人。如果想提高效率，你可以通过专业化做得更好——一个人主内，一个人主外。

如果你和你丈夫的技能截然不同，那么分担家务是有意义的。这样，两人的技能都可以发挥作用。

女权主义者和男性沙文主义者都对这一点存在误区。女权主义者认为，男人和女人相似，因此他们应该分担家务。这是错误的，因为如果男人和女人相似，他们每个人都应该选择一个专长并坚持下去。男性沙文主义者认为，男人和女人的差别很大，因此女人应该专门做家务。这也是错误的，因为男女差异越大，男人越应该分担任务。

当然，你可能还出于其他原因想要分担家务，例如友爱——或者因为某个人在做其他事情或发疯之前，只能做这么多家务。

关注哲学。遵循逻辑的指引。认真对待寓言，寓言故事剔除了无关紧要的细节，揭示了伟大的真理。关注计算，如果你的想法不能合理地转化为数学，那么它们就有问题了。

永远不要忘记，在很多重要事项上，永远有人知道得比你多。仔细聆听他们要说的话。

听从一个好的观点，但永远不要服从权威。如果你有好老师，他们会鼓励你。

我希望你有一天能读到这本书。如果有一天你发布作品反驳这本书,我会第一个排队索取你的亲笔签名。

附录
参考阅读

以下是我在本书各章中引用的已发表的文章。

第三章 凯莉知道的

詹姆斯·英格拉姆的寓言出现在他的著作《国际经济问题》（*International Economic Problems*）中，该书于1966年由约翰·威利父子出版公司（John Wiley and Sons）首次出版，1970年再版，1978年发行平装本。

第四章 权威

教育专业学生与其他大学生对比的数据，来自埃里克·哈努谢克（Eric Hanushek）和里克·佩斯（Rick Pace）于1995年在《教育经济学评论》（*Economics of Education Review*）上发表的《谁会当老师（和为什么）？》（*Who Chooses to Teach and (Why)?*）。

詹姆斯·卡恩关于"霍布斯式的政府模式"的论文尚未发表。

我最早了解到黑手党对纽约建筑业征税，是从J.卡明斯（J. Cummings）和E.沃克曼（E. Volkman）所著并由利特尔和布朗出版社（Little Brown）出版的《毒蘑菇》（*Goombata*）一书中。

第五章 生活提供的一切

狄兰·托马斯关于诗歌之声的评论，来自一篇名为《诗歌艺术笔记》（*Notes on the Art of Poetry*）的文章。这篇文章很难找，由托马斯对一名年轻学生提交的书面问题的回答组成，出现在《狄兰的花环》（*A Garland for Dylan Thomas*）一书中。该书于1963年由卡拉克和魏（Clarke & Way）出版社出版。

惠特克·钱伯斯（Whittaker Chambers）《写给孩子的信》（*Letter to My Children*）摘自他的自传《见证》（*Witness*）的序言，该书于1952年由兰登书屋（Random House）首次出版，目前平装本由瑞格纳瑞（Regnery）出版公司发行。

第六章 文化偏见

本章第一段提到的书，由乔治·F.威尔（George F. Will）所著。

哈钦森科技（Hutchinson Technology）的杰夫·格林

（Jeff Green）提出了关于父母对孩子价值观影响的调查问题。

普林斯顿大学经济学家大卫·卡德（David Card）和艾伦·克鲁格（Alan Krueger）挑战了关于最低工资的传统看法。他们的著作《神话与衡量：最低工资的新经济学》（*Myth and Measurement: The New Economics of the Minimum Wage*）于1995年由普林斯顿大学出版社出版。

第七章 公平（一）：祖父谬误

关于有偿解放思想的一些历史，请参阅大卫·赫伯特·唐纳德（David Herbert Donald）的优秀传记《林肯传》（*Lincoln*），该书于1995年由西蒙和舒斯特出版社（Simon & Schuster）出版。

第八章 公平（二）：对称原则

本章的部分内容很大程度上受到法律学者迈克尔·克劳斯（Michael Krauss）于1996年在费城协会发表的演讲的启发。克劳斯的主题是侵权法的道德基础及该道德基础的削弱；虽然侵权法过去基于的是每个人都能理解的简单道德原则（比如"不要打人"），但它现在作为一种执行公共政策的机制，缺乏明确的道德约束（比如"雇用残疾人"）。换句话说，在过去，行为必须是错误的才会构成侵权，而现在，它只需要违反某些公认的公共目的，就是错误的——可见，旧的方式更好。在本章中，我试图强调，基于明确道德原则的法律不能对一个公民施加比另一个公民更多的责任，也就是说，它必须满足对称原则。我不确定克劳斯教授是否会对这种表述感到满意，但他确实给予了我很大的帮助。

第九章　完美的税

特征税（及其合理性）是我的同事马克·比尔斯的发明。马克也是为平权运动自豪辩护的人，我在本章中将其描述为"可悲的"。

第十章　完美税的毁灭

萧伯纳关于收入再分配（及你可能想象到的其他所有主题）的思想，都记录在他的《智慧妇女的社会主义和资本主义指南》（*Intelligent Woman's Guide to Socialism, Capitalism, Sovietism, and Fascism*）中，该书于1928年由布伦塔诺出版社（Brentano）首次出版。

第十二章 遗赠

有关遗产通常在孩子之间平分的证据，请参阅保罗·门奇克（Paul Menchik）于1980年在《经济学季刊》（*Quarterly Journal of Economics*）上发表的文章。有关一些反证，请参阅尼格尔·托姆斯（Nigel Tomes）于1981年在《政治经济学杂志》（*Journal of Political Economy*）上发表的文章。

关于是将学校教育还是将遗赠作为在孩子之间重新分配收入的手段的讨论，基于哈佛大学出版社出版的加里·贝克尔（Gary Becker）的《家庭论》（*A Treatise on the Family*，1991年）中转载的一篇文章。父母重新分配的本能会削弱像启蒙计划这样的项目效果的说法，也源自贝克尔。

我的同事埃里克·哈努谢克于1992年在《政治经济学杂志》发表了题为《儿童数量与质量之间的权衡》（*Tradeoffs Between Child Quantity and Quality*）的文章，探讨了家庭规模和出生顺序对孩子的影响。

关于拥有可遗赠财富的父母比拥有同等金额非遗赠财富的父母更容易获得子女探望的证据，请参阅道格拉斯·伯恩海姆（Douglas Bernheim）、安德烈·施莱费尔（Andrei Shleifer）和劳伦斯·萨默斯（Lawrence Summers）在《政治经济学杂志》上发表的文章（1985年）。

写完这一章，我了解到雪城大学（Syracuse University）教授托马斯·邓恩（Thomas Dunn）的研究。邓恩教授的研究支持这样的假设：父母平均分配他们的遗产而不考虑他们孩子的收入（尽管实际生活中的礼物分配远没有那么平均）。

第十三章　多子多福

迈克尔·克雷默教授于1993年在《经济学季刊》发表了一篇引起巨大争议的文章，题为《人口增长与技术变革：公元前100万年至1900年》（*Population Growth and Technological Change: One Million B.C. to 1900*）。

里士满联邦储备银行的两位经济学家马文·古德弗伦德（Marvin Goodfriend）和J.麦克德莫特（J. McDermott）关于"早期发展"的文章发表于1995年的《美国经济评论》。

关于阻止生育不属于犯罪的观点，来自威尔弗雷德·贝克尔曼（Wilfred Beckerman）出色且极具争议性的著作《再看环境保护主义》（*Through Green-Colored Glasses*）（由加图研究所于1996年出版），其思想源于哲学家德里克·帕菲特（Derek Parfit）。

我强烈推荐彼得·鲍尔的《发展前沿：应用经济学随笔》（*The Development Frontier: Essays in Applied Economics*）。该

书由哈佛大学出版社于1991年首次出版。

第十四章 算术

任何对教育有浓厚兴趣的人的必读书，是霍勒斯·曼的《论教育》（*Lectures on Education*）。该书在波士顿教育委员会的赞助下每年再版一次，并于1845年作为该委员会文集出版。

第十六章 计算歧视

德里克·尼尔和威廉·约翰逊的研究于1996年发表在《政治经济学杂志》上。对霍勒斯·曼的引述仍然来自他的《论教育》。

第二十章 给经济学家女儿的建议

乔治·斯蒂格勒对婚姻神圣不可侵犯的看法，出现在他的《斯蒂格勒自传：一个自由主义经济学家的自白》（*Memoirs of an Unregulated Economist*）中。该书于1988年由基础读物出版社（Basic Books）出版。

关于分担家务的看法，来自加里·贝克尔的《家庭论》。